Autoren:
René Fischer
Heinz Hütter
Robert Linsenmeyer
Thomas Makkos
Karlheinz Peschke
Alfred Schäferling
Rainer Schindler
Christian Tesch
Michael Trommer

Herausgeber:

Thomas Makkos
Alfred Schäferling
Christian Tesch
Michael Trommer

Vertrieb:

Proficon Projektberatung GmbH
St.-Anna-Straße 8 · 86825 Bad Wörishofen
Telefon 0 82 47/9 01 79
Telefax 0 82 47/9 01 78
www.proficon-consult.de
info@proficon-consult.de

Produktion, Gestaltung, Illustration:

Robert Linsenmeyer, evobit OHG
Südendring 1, 86438 Kissing
www.evobit.de, www.linsenmeyer.de

Lektorat:

Karlheinz Peschke

ITPM machbar!
Projektmanagement in der IT Praxis

Eine Initiative des

pm-forum
projektmanagement
im raum augsburg

www.pm-forum-augsburg.de

www.itpm-augsburg.de

ISBN 978-3-00-027333-9
1. Auflage 2009
Copyright 2009 by den Herausgebern

Bibliografische Information Der Deutschen Bibliothek:
Die Deutsche Bibliothek verzeichnet diese Publikation in
der Deutschen Nationalbibliografie;
detaillierte bibliografische Daten sind im Internet
über <http://dnb.ddb.de> abrufbar.

Alle Rechte vorbehalten. Die Verwendung der Texte und Bilder, auch auszugsweise, ist ohne die schriftliche Zustimmung der Herausgeber urheberrechtswidrig und strafbar. Das gilt insbesondere für die Vervielfältigung, Übersetzung, die Verwendung in Kursunterlagen oder elektronischen Systemen. Alle Angaben in diesem Buch wurden von den Autoren mit größter Sorgfalt kontrolliert. Weder Autoren noch Herausgeber können jedoch für Schäden haftbar gemacht werden, die in Zusammenhang mit der Verwendung dieses Buches stehen. In diesem Buch werden eingetragene Warenzeichen, Handelsnamen und Gebrauchsnamen verwendet. Auch wenn diese nicht als solche gekennzeichnet sind, gelten die entsprechenden Schutzbestimmungen.

Inhaltsverzeichnis

Inhaltsverzeichnis 5
Vorwort 9
Das Wesen von IT-Projekten 11
Die vielen Gesichter des Projektmanagements 14
Struktur und Inhalt 15

Prozessmodelle für IT-Projekte   17

Beschreibung 18
Ziel 20
Kriterien 21
Anwendungsmöglichkeiten 23
Motivation 24
Ganzheitlichkeit 26
Best Practices 28
Wasserfallmodell 29
Spiralmodell 31
V-Modell 32
RUP 35
Agile Programmierung 37
Weiterführendes 39

IT-Projektplanung   41

Beschreibung 42
Ziel 49
Kriterien 51
Anwendungsmöglichkeiten 52
Motivation 55
Ganzheitlichkeit 56
Best Practices 58
Weiterführendes 61

Dokumente in IT-Projekten 63
Beschreibung 64
Ziel 67
Kriterien 68
Anwendungsmöglichkeiten 69
Motivation 73
Ganzheitlichkeit 74
Best Practices 76
Das Lastenheft 78
Das Grobkonzept 80
Das Pflichtenheft 82
Der Testplan 88
Das Feinkonzept 92
Besprechungsprotokolle – Team-Meeting 93
Das Projekttagebuch 96
Der Änderungsantrag 98
Der Statusbericht 101
Weiterführendes 103

Controlling von IT-Projekten 105
Beschreibung 106
Ziel 109
Kriterien 110
Anwendungsmöglichkeiten 112
Motivation 113
Ganzheitlichkeit 114
Best Practices 116
Weiterführendes 121

Teamführung in IT-Projekten 123
Beschreibung 124
Ziel 128
Kriterien 129
Anwendungsmöglichkeiten 130

    Motivation 134
    Ganzheitlichkeit 135
    Best Practices 137
    Weiterführendes 139

Zu guter Letzt   **141**
    Abbildungsverzeichnis. 142
    Das pm-forum-augsburg 143
    Die Arbeitsgruppe ITPM. 144
    Die Autoren 146

Vorwort

„80% aller IT-Projekte scheitern". Mit dieser Erkenntnis aus verschiedenen, teilweise schon lange bekannten Studien beginnen viele Vorträge und Abhandlungen zum Thema Projektmanagement in IT-Projekten. Die Gründe für das Scheitern sind sehr genau untersucht und führten zu vielen neuen Prozessmodellen und Maßnahmenvorschlägen in einer Vielzahl literarischer Werke und theoretischer Lösungsansätze.
Trotzdem hat sich das Scheitern anscheinend nicht reduziert. IT-Projekte haben offenkundig ihre ganz eigene Dynamik, die zu untersuchen immer spannend bleibt, trotz der inzwischen beinahe unüberschaubaren Anzahl an Abhandlungen zu diesem Thema.

Im Raum Augsburg gibt es seit vielen Jahren eine Projektmanagement-Plattform für Projektleiter aus dem Raum Schwaben und Bayern. Das pm-forum-augsburg und seine Träger, die Universität Augsburg – Zentrum für Weiterbildung und Wissenstransfer (ZWW), der VDI Verein Deutscher Ingenieure – Augsburger Bezirksverein (VDI), die GPM Deutsche Gesellschaft für Projektmanagement e.V. Region Augsburg (GPM), die IHK Bildungshaus Schwaben (IHK) und die Hochschule Augsburg (HSA) bieten auf nichtkommerzieller Basis eine Austauschplattform für Einzelpersonen und Unternehmen, für die unterschiedlichsten Belange des Projektmangements.
Aus dem pm-forum-augsburg entstand im November 2005 die Arbeitsgruppe „Projektmanagement in IT-Projekten" oder kurz „ITPM", die sich mit der Problematik von Projektmanagement in IT-Projekten auseinandersetzt und aus der reichhaltigen Erfahrung ihrer Teilnehmer, zumeist langjähriger Projektleiter und Projektmanager aus unterschiedlichen IT-Bereichen, einen Katalog von bewährten

*Quelle: The Standish Group-Studie, warum Softwareprojekte scheitern:
  ca. 53 % aller Softwareprojekte über Budget und/oder Zeit
  ca. 24 % aller Softwareprojekte werden abgebrochen

Praktiken erarbeitet hat. Insbesondere standen Erfahrungsaustausch, Problemlösungsstrategien, Bewertungskriterien für das Projektmanagement und die Praxis im Vordergrund. Nach Ablauf von ca. 2 Jahren an Gruppenarbeit und Diskussionen liegen nun die Ergebnisse der ITPM-Gruppe in diesem Dokument vor.

Ziel dieses Buches ist es, dem interessierten Leser einen praxistauglichen Leitfaden an die Hand zu geben, mit dessen Hilfe er sich in der Vielzahl von Methoden und Verfahren zurecht finden und durch gezielte Auswahl der geeigneten Instrumente eine eigene Strategie zur erfolgreichen Projektumsetzung entwickeln kann. Hierbei ist die bewusste Nutzung bzw. auch die NICHT-Nutzung der verfügbaren Instrumente wesentlich für die Akzeptanz des Projektmanagements in IT-Projekten.

Das Buch folgt der bewussten Begrenzung auf die wesentliche Inhalte. Weiterführende Themen innerhalb des Projektmanagements werden nur am Rande erwähnt, um die Konzentration auf die zentralen Punkte zu gewährleisten.

Wir hoffen, dass Ihnen dieses Buch in Ihrer täglichen Arbeit hilft und wünschen Ihnen viel Spaß beim Lesen.

Das Wesen von IT-Projekten

Hat das Projektmanagement als Disziplin inzwischen in vielen Bereichen der modernen Geschäftswelt Erfolge feiern können, so sind IT-Projekte im Speziellen anscheinend vielfach gegen die Vorzüge von Projektmanagement resistent und gehen ihre eigenen, unvorhersehbaren Wege. Es stellt sich die Frage, was an IT-Projekten so besonders ist, dass sie derart schwierig zu beherrschen sind. Hier eine paar Überlegungen dazu:

Besonderheiten von IT-Projekten

- IT-Projekte erfordern einen außergewöhnlich hohen Anteil an Kopfarbeit. Jedoch sind gerade Denken und Kreativität schwer steuer- oder planbar. Ein Problem vieler Kreativitäts- und Entwicklungsprozesse.

- Im Computer- und Programmierumfeld ist eine schier unendliche Komplexität möglich. Während in anderen Bereichen die Realität, physikalische Restriktionen oder Investitionsgrenzen einen natürlichen Rahmen vorgeben, ist es in IT-Projekten immer möglich, noch eine weitere Dimension zu eröffnen. Dieses hohe Maß an Möglichkeiten wird gerne und großzügig genutzt, ist aber nur schwer zu kontrollieren.

- Es ist sehr schwierig, Qualität und Fortschritt von IT-Projekten zu messen. Es ist noch nicht einmal klar, was in Bezug auf Qualität überhaupt zu bewerten ist: Sourcecode, Aussehen, Dokumentation oder Nutzen eines Produktes. Auch ist stets zu klären, wie gemessen werden soll.

- In IT-Projekten treffen meist zwei völlig verschiedene Welten aufeinander, zum einen die weite und komplexe Welt der Computer und Software, zum anderen die Welt derjenigen Branche, in welcher die Software ihre Arbeit zu verrichten hat. Die unterschiedlichen Sichtweisen des Anwenders und des Entwicklers sind häufig nicht kompatibel. Es gibt wenige Experten, die diese beiden Sichtweisen in einen konfliktfreien Einklang bringen.

- Da die IT inzwischen in fast allen Bereichen Einzug gehalten hat, kommen Projektanfragen aus unterschiedlichsten Fachgebieten. Jedes IT-Projekt kann gänzlich verschieden zu allen Vorgängerprojekten sein. Bei IT-Firmen/-Abteilungen und ihren Mitarbeitern entsteht fast der Eindruck, als würde sich die Organisation ständig neu gründen und die Mitarbeiter wären dauerhaft Berufsanfänger.

- Die IT-Branche ist geprägt von schnellem Wandel und kurzlebigen Technologien, auch Fortschritt genannt. Das erfordert aber auch eine stetige Anpassung der Methoden und Werkzeuge. Es bleibt kaum Zeit dafür, dass eine Methode wirklich reift, bevor sie bereits wieder veraltet ist. Menschen in einem IT-Projekt befinden sich quasi in einer permanenten Einarbeitungsphase, welche nie endet.

- Auch die Rahmenbedingungen wie das Laufzeitverhalten und die Ressourcenverfügbarkeit ändern sich ständig. Was heute noch gänzlich unmöglich ist, ist morgen bereits die Minimalanforderung. Und mit der Verbreitung immer neuer technischer Bestmarken über Medien und Werbung steigen auch die Kundenerwartungen.

- IT-Projekte, als kreative Prozesse, durchlaufen häufig mehrere Iterationen in der Entwicklung. Die Abbildung dieser Iterationsschritte in einer Projektplanung ist häufig problematisch. Dies wird umso schwieriger, wenn durch die Entwicklung bzw. das Projekt auch andere Unternehmensbereiche betroffen sind. Diese „Kollateralkonsequenzen" sind sowohl während des Projektes als auch während des Betriebes bei den Stakeholdern zu berücksichtigen.

- Letztendlich sind die Ergebnisse von IT-Projekten fast immer einzigartig. Sie werden nur einmal erstellt, eine Massenherstellung ist selten gefordert und damit sind Erfahrungen nur begrenzt nutzbar.

Zusammenfassend: Die IT-Welt lässt es aufgrund des stetigen Wandels in Technologie und Anforderungen kaum zu, bewährte Methoden, Prozesse und Modelle zu entwickeln, mit denen sie beherrschbar wird. Es gibt eigentlich keine wirklich erfahrenen IT-Profis. Die Professionalität von IT-Projektmanagern besteht vielmehr darin, sich stetig anzupassen und sich immer neuen Herausforderungen zu stellen. Aus der Sicht normaler Projektarbeit erscheinen IT-Projekte wie eine endlose Aneinanderreihung von Pilotprojekten.

Die vielen Gesichter des Projektmanagements

Wer in das Thema Projektmanagement einsteigt, stellt schnell fest, dass es sich dabei keineswegs um eine Einzeldisziplin handelt. Vielmehr versammeln sich unter dem Dach „Projektmanagement" eine Vielzahl von Themengebieten, mit denen sich der Projektmanager auseinanderzusetzen hat. Die folgende Aufstellung gibt einen (nicht vollständigen) Überblick über das weite Feld des Projektmanagements:

- **Prozessmodelle:** Übersicht der verschiedenen Modelle wie Wasserfall, V-Modell, RUP & Co.
- **Projektplanung:** Erstellung eines Projektplanes und seine Bedeutung in den verschiedenen Projektphasen.
- **Dokumentation:** Wieviel Papier braucht ein Projekt und was ist denn nun ein Pflichtenheft wirklich?
- **Controlling:** Kennzahlen im Projekt, wie sie entstehen und was man damit tun kann oder soll.
- **Teamführung:** Der Mensch im Projekt.
- **Kundenmanagement:** Kommunikation, Vertragswerke, Kundenbeziehung und -pflege.
- **Change Management:** Der erfolgreiche Umgang mit Änderungen von Zielen und Anforderungen.
- **Configuration Management:** Schaffung eines stets einheitlichen Konfigurationsstandes über alle Dokumente, Systeme und Module hinweg.
- **Projektnachsorge:** Lessons learned in einem Projekt und die Übertragung auf andere Projekte.

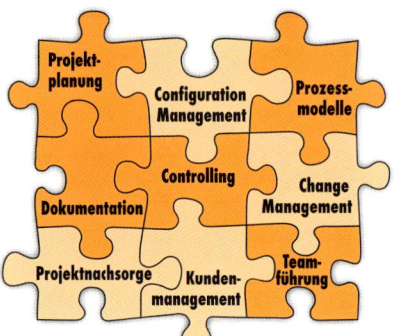

Jedes der Themen stellt eigene Anforderungen an den Projektleiter. Im Rahmen dieses Buches wurden die wesentlichen Themengebiete bearbeitet.

Struktur und Inhalt

Die verschiedenen Themengebiete des Projektmanagements bilden in diesem Dokument die jeweiligen Kapitel. Jedes Kapitel folgt einer einheitlichen Struktur. Diese Struktur soll es dem Leser erleichtern, die für ihn relevante Information zu finden und korrekt einzuordnen. Folgende Abschnitte finden sich zu jedem Themengebiet:

Beschreibung

Die Beschreibung des Themas erklärt das Themengebiet, zeigt auf, was der Geltungsbereich des Kapitels ist und was das Thema umfasst. Insbesondere sollen Missverständnisse hinsichtlich des zu erwartenden Inhalts eines Themengebietes vermieden werden.

Ziel

Im diesem Abschnitt wird gezeigt, wohin die beschriebene Managementdisziplin den Projektmanager führen soll. Das Ziel beschreibt, welchem Zweck die Anwendung der jeweiligen Disziplin dient.

Kriterien

Der Bereich Kriterien zeigt Punkte, anhand derer für ein beliebiges IT-Projekt geprüft werden kann, ob und in welchem Maß eine Organisation das behandelte Themengebiet überhaupt umsetzen soll. Dieser Kriterienkatalog soll den Leser in die Lage versetzen, zu bewerten, ob die Anwendung für seinen spezifischen Fall sinnvoll ist.

Anwendungsmöglichkeiten

Unter Anwendungsmöglichkeiten stehen die zusammengetragenen Möglichkeiten, wie das Themengebiet in der Praxis konkret angewandt werden kann. Dies kann ebenso eine Aufzählung verschiedener Möglichkeiten beinhalten wie einen detaillierten Vorschlag zur Umsetzung.

Motivation

Der Abschnitt Motivation zeigt eine Aufzählung der Vorteile, welche ein Projektleiter zu erwarten hat, wenn er Methoden aus dem Themengebiet in seinem Projekt anwendet. Dabei wurde darauf geachtet, dass tatsächlich die positiven Effekte im Vordergrund stehen. Üblicherweise sind die negativen Beschreibungen der Form „Wenn das nicht passiert, entsteht folgender Schaden" wenig motivierend und hinlänglich bekannt.

Ganzheitlichkeit

Die einzelnen Themengebiete des Projektmanagements haben untereinander enge Bezüge, sie unterstützen und bedingen sich gegenseitig. In welcher Form das geschehen kann oder soll, findet sich hier.

Best Practices

Zuletzt versammeln sich im Kapitel Best Practices wertvolle Tipps aus der täglichen Erfahrung der einzelnen Autoren, sowie Ihre Erkenntnisse aus der gemeinsamen Arbeit an diesem Buch.

Prozessmodelle für IT-Projekte

Beschreibung

Prozessmodelle sind allgemeingültige, wiederholbare Verhaltensmuster, die den Rahmen beschreiben, wie ein Projekt ablaufen kann. Diese Modelle beschreiben Methoden, Verfahren und Werkzeuge sowie prozessspezifische Rollen in der Softwareerstellung. Damit ermöglichen sie eine leichtere Durchführung von Projekten und machen die Komplexität der jeweiligen Aufgabe überschaubarer. Sie sind quasi die Blaupause für die erfolgreiche Umsetzung eines Projektes.

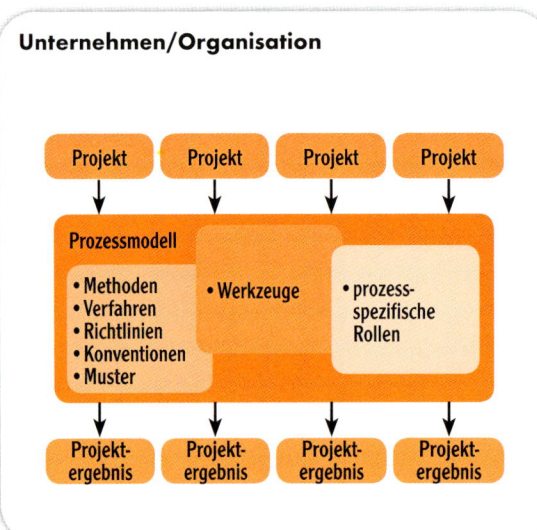

Abb. 1:
Unternehmen/Organisation
Ein Prozessmodell sorgt für definierte Projektabläufe.

In der Praxis hat sich jedoch kein Prozessmodell als das „einzig Richtige" durchsetzen können. Man darf sogar sagen, dass die sicherste Methode, ein Projekt zum Erfolg zu führen, darin besteht, sich eben nicht stur an ein Prozessmodell zu halten. Prozessmodelle müssen immer an die jeweilige Situation oder Organisation angepasst werden (Tailoring).

Prozessmodelle können also als ein Baukasten verstanden werden. Daraus wird das (Projekt-)Prozessmodell zusammengestellt, das auf die eigene Organisation, das Geschäftsumfeld und die Kundenbeziehungen passt. Prozessmodelle beziehen sich in diesem Zusammenhang jedoch nicht auf das ganze Unternehmen, sondern nur auf Prozesse im Rahmen des Projektmanagements.

> **Stichwort Tailoring:**
> Tailoring bedeutet „Zuschneiden" oder „Maßschneidern". Darunter ist die projektspezifische Anpassung und Detaillierung eines Prozessmodells an die konkrete Projektaufgabe, das Projekt, das Projektmanagement, bzw. die situationsgemäße Anpassung zu verstehen.

Im Laufe der Jahre wurden verschiedene Prozessmodelle entwickelt, die sich alle an den Erfordernissen ihrer Zeit oder bestimmten Anforderungen orientierten. Man muss sich jedoch bewusst sein, dass jedes Prozessmodell gewisse Rahmenbedingungen erfordert, unter denen es „funktioniert" und dass nur wenige Prozessmodelle die Werkzeuge definieren, mit denen sie durchgeführt werden sollen. Zu letzteren gehören das V-Modell 97 und das V-Modell XT, die Minimalanforderungen an die Werkzeuge zur Systementwicklung definieren. Ein generelles „Kochrezept" für den Projekterfolg gibt es unter den Prozessmodellen nicht. Manche Firmen haben aus unterschiedlichen Prozessmodellen „ihr" individuelles Modell definiert und sind damit mehr oder minder erfolgreich.

Ziel

Prozessmodelle verfolgen das Ziel, den Softwareerstellungsprozess beherrschbar und Erfolge wiederholbar zu machen. Ausgehend von der Erfahrung vorangegangener – auch fehlgeschlagener – Projekte wurden sie geschaffen, um quasi eine Industrialisierung der Entwicklung zu erreichen. Im Gegensatz zu einem Vorgehen nach Versuch und Irrtum oder „aus dem Bauch heraus" gibt ein Prozessmodell einen klar definierten Weg vom Problem zur Lösung vor.

Die Strukturierung der Vorgehensweisen in Prozessmodellen und deren stete Weiterentwicklung führen zu einer vollständigen Abbildung des IT-Projektes im Prozessmodell. Es trägt somit dazu bei, die Wahrscheinlichkeit, etwas zu übersehen, zu reduzieren.

Kriterien

Die Anwendung eines Prozessmodells sollte sich nicht auf ein einzelnes Projekt beziehen. Bei der Prüfung, ob ein Prozessmodell angewendet wird, muss man daher die grundsätzliche Vorgehensweise bei der Abwicklung von Projekten in einer Organisation betrachten.

Ein Prozessmodell wird angewendet, wenn

- es ein definiertes Vorgehen bei der Abwicklung von Projekten gibt.
- der Geltungsbereich des Prozessmodells definiert ist.
- dieses Vorgehen bei allen Projekten im Geltungsbereich eingehalten wird.
- die geforderten Dokumente für alle Projekte im Geltungsbereich erstellt werden.
- die definierten Prozesse/Rollen für alle Projekte im Geltungsbereich gelebt werden.

Zu klären ist noch die Frage, was der Geltungsbereich eines Projektes ist. Wie bereits vorher ausgeführt, sollte ein Prozessmodell auf die vorhandene Organisation und die jeweiligen Aufgabenstellungen zugeschnitten werden. Dies bedeutet auch, den Geltungsbereich des Prozessmodells zu definieren. Das heißt, dass die mögliche Bandbreite an Projektgrößen und -komplexitäten in den Prozessmodellen berücksichtigt werden muss. Das „Superprozessmodell" für alle Projekttypen läuft Gefahr, für die meisten Projekte unnötigen Aufwand zu kreieren. Zu umfangreiche Prozessmodelle können vermieden werden:

- indem unterschiedliche Prozessmodelle für die verschiedenen Projekttypen definiert werden oder
- indem ein skalierbares Prozessmodell entwickelt wird, das immer den aktuellen Gegebenheiten angepasst wird.

Im Gegensatz zu unterschiedlichen Prozessmodellen für verschiedene Projekttypen hat das skalierbare Modell den Vorteil, dass es sich an jedes Projekt anpasst. Ein firmenweiter Wildwuchs an Modellen wird vermieden.

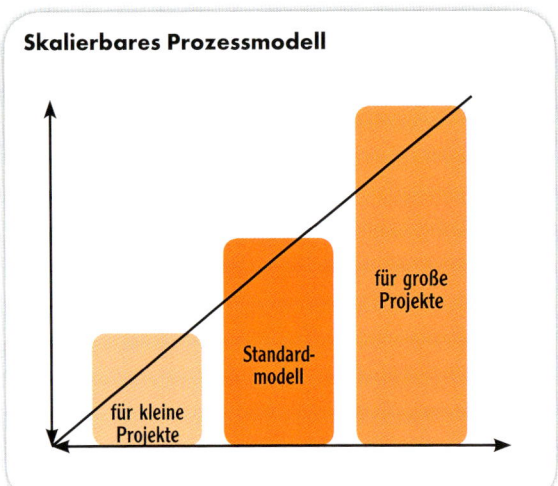

**Abb. 2:
Skalierbares
Prozessmodell**
Skalierbare Prozessmodelle passen sich den Projektanforderungen an.

Zur Bewertung und Sicherung der Qualität des Prozessmodells selbst gibt es auch das sogenannte „Capability Maturity Model" (CMM). Mit der inzwischen vorliegenden integrierten Variante (CMM I) werden 5 Stufen von Prozessqualität definiert, die bei wachsendem Aufwand in der Durchführung eine immer wachsende Zuverlässigkeit für Projekterfolg und -qualität bieten.

Diese Reifegradmodelle dienen dazu, eine gesamte Organisation zu verbessern. Hierbei sind die Prozessmodelle ein wesentlicher, aber eben nur ein Teil des gesamten Modells. Eine angepasste Anwendung nur auf die Projektkomponenten wäre ebenfalls denkbar.

Anwendungsmöglichkeiten

Es kann an dieser Stelle nicht erschöpfend auf die Vielzahl von Prozessmodellen eingegangen werden. Zu diesem Thema gibt es eine ausreichende und reichhaltige Fachliteratur, die für die einzelnen Modelle zu Rate gezogen werden kann. Wichtiger ist es einen Überblick über die Entwicklungen und Strömungen im Bereich der Prozessmodelle zu geben.

Die Entwicklung der Prozessmodelle zeigt einen direkten Zusammenhang zwischen deren Chronologie und der zunehmenden Komplexität. Hierin zeigt sich auch der Komplexitätszuwachs, den die Informationstechnologie in den vergangenen 30 Jahren erlebt hat, sowie die zunehmende Beschleunigung. Die wesentlichen Modelle in dieser Zeit waren.
- Das Wasserfallmodell (ab ca. 1970)
- Das Spiralmodell (ab ca. 1988)
- Das V-Modell (ab ca. 1993)
- Der Rational Unified Process (RUP) (ab ca. 1996)
- Die agile Programmierung (SCRUM) (ab ca. 2003)

Motivation

Oft werden IT-Projekte noch völlig ohne ein zugrunde liegendes Prozessmodell durchgeführt. Dabei bietet ein Prozessmodell erhebliche Vorteile.

Erfahrungen nutzen, Erfolge wiederholen, Fehler vermeiden

Der größte Lernerfolg im Projektmanagement kann erzielt werden, wenn eine vergleichbare Aufgabenstellung zu bewältigen ist. In diesem Fall kann auf die Erfahrungen aus vergangenen Projekten zurückgegriffen werden. Eine Voraussetzung ist natürlich, dass ein Projektreview erfolgte. Die Anwendung eines Prozessmodells sorgt für die Vergleichbarkeit unterschiedlicher Projekte, da die Projekte immer im Rahmen dieses Modells abgewickelt werden. Die Erfahrungen aus den einzelnen Projekten fließen als Ergebnis in das Modell ein und sorgen so für eine ständige Weiterentwicklung der Projektorganisation und des Prozessmodells im Unternehmen.

Im Rahmen eines Benchmarkings lassen sich darüber hinaus auch Branchenvergleiche anstellen. Bei diesen Branchenvergleichen lässt sich sowohl die Projektqualität oder auch die Qualität des Prozessmodells vergleichen, um somit von den Besten zu profitieren. Die Kriterien für einen derartigen Vergleich sind natürlich vor Beginn zu definieren.

Zuverlässige Projektplanung, übersichtliche Organisation, klare Rollenverteilung

Bei Verwendung eines Prozessmodells steht bereits bei Start des Projektes fest, in welchem Rahmen das Projekt ablaufen wird. Der Rahmen ist vorgegeben und muss nur noch mit Leben gefüllt werden. Dies erleichtert dem Projektleiter die Planung, dem Team die Standortbestimmung und der Organisation das Verständnis für das Projekt.

Es ermöglicht insbesondere unerfahrenen Projektleitern anhand eines ausgereiften Modells einen vollständigen Überblick über Art, Umfang und Status ihres Projektes zu erhalten und somit nichts zu „übersehen.

Sicherheit für das Projektteam

Wie im Kapitel Teamführung ausgeführt, wird jedes Projektteam am Anfang eines Projektes eine Teambildungsphase erleben. Diese Phase wird bei der Verwendung eines Prozessmodells produktiver sein, da Rollen und Verantwortlichkeiten bereits durch das Modell definiert und beschrieben sind. Die einzelnen Teammitglieder müssen sich in der ihnen zugewiesenen Rolle noch zurechtfinden, die Rolle jedoch nicht mehr entwickeln. Dies schafft im Team Sicherheit von Anfang an und reduziert Diskussion über Rollen und Verantwortlichkeiten.
Durch die klaren Rollenbeschreibungen kann sich das einzelne Teammitglied leichter in die Rolle seines Gegenübers versetzen, sei es, um ein besseres Verständnis zu schaffen, aber auch, um gegebenenfalls temporär diesen in seiner jeweiligen Rolle zu unterstützen.

Ganzheitlichkeit

Ein angepasstes Prozessmodell ist die Vorlage und das Raster eines Projektes. Als solches kann es die Basis für das Projektmanagement in einer Organisation legen.

Projektplanung

Das Prozessmodell beschreibt, wie das Projekt abzuwickeln ist. Die Erstellung des Projektplanes für das aktuelle Projekt wird vereinfacht. Die Qualität der Projektplanung steigt, das Risiko, dass wichtige Elemente vergessen werden, wird minimiert. Der Abstimmungsprozess mit allen Beteiligten wird verkürzt.

Dokumente

Im Prozessmodell ist teilweise beschrieben, welche Dokumente im Rahmen des Projektes zu erstellen sind. Es erläutert deren Detaillierungsgrad. Sowohl die Art als auch der Umfang der zu erstellenden Dokumente kann aber durch Anpassung des Modells variiert werden (Stichwort Tailoring).

Controlling

Die durch das Prozessmodell definierte Vorgehensweise ist der Rahmen dafür, wie bzw. was im Rahmen des Controlling im Projekt erfolgen kann oder was nicht. Der Umfang des Controllings und insbesondere die Zeitpunkte für die Erhebung der Istdaten und die Beurteilung des Projektfortschritts werden dann beim Tailoring dem aktuellen Projekt angepasst.

Teamführung

Im Prozessmodell sind teilweise Rollen beschrieben, die im Projekt besetzt werden müssen. Dies schafft für alle Beteiligten eine größere Klarheit und Sicherheit, die den Prozess der Teambildung erleichtern und die Teamführung vereinfachen.

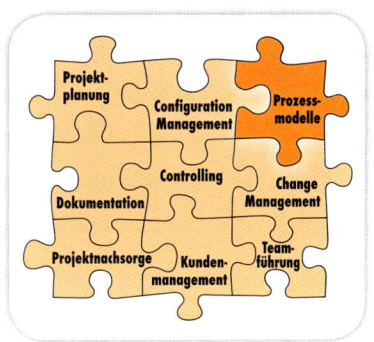

Best Practices

- **Beschäftigung mit Prozessmodellen**

Da sehr unterschiedliche Prozessmodelle verbreitet sind, sollte ein Projektleiter einen Überblick über die existierenden Modelle besitzen. Jedoch sollte jedes Unternehmen sein eigenes, exakt passendes Prozessmodell entwickeln.

- **Vor Projektstart die Existenz eines Prozessmodells prüfen**

Prüfen Sie vor Beginn eines Projektes, welches Prozessmodell angewandt wird. Diese Betrachtung darf aber nicht nur aus Projektsicht geschehen, sondern muss auch die Interessen der gesamten Organisation berücksichtigen.

- **Das Prozessmodell an die Realität anpassen**

Ein Modell muss immer an die Realität angepasst werden können. Überprüfen Sie vor Projektstart, wie das Prozessmodell dem aktuellen Projekt angepasst werden muss. Der gesunde Menschenverstand sollte dabei im Vordergrund stehen.

- **Das Prozessmodell regelmäßig überprüfen**

Das Prozessmodell sollte unbedingt regelmäßig dahingehend überprüft werden, ob es sich in der Anwendung bewährt hat. Idealerweise sollte die Überprüfung im Rahmen eines Projektreviews eines typischen Projektes erfolgen.
Die Überprüfung eines Prozessmodells erfolgt durch die zuständige Stabsstelle in Zusammenarbeit mit ausgewählten Projektleitern und Projektmitarbeitern. Im Bedarfsfall kann auch eine externe Beratung hinzu gezogen werden.

- **Einen Prozess zur Überprüfung des Modells implementieren**

Bevor ein Prozessmodell in einem Unternehmen eingeführt wird, sollten man sich überlegen, wie der Prozess zur Überprüfung des Modells aussieht und wann eine Überprüfung stattfinden soll. Ein jährlicher Zyklus ist dafür ein guter Richtwert.

Wasserfallmodell

Die Grundlage aller auf Phasen beruhenden Prozessmodelle ist das Wasserfallmodell. Das Wasserfallmodell ist ein lineares, nicht-iteratives Prozessmodell in der Softwareentwicklung, bei dem der Softwareentwicklungsprozess in Phasen organisiert wird. Dabei fließen die Phasenergebnisse wie bei einem Wasserfall immer als bindende Vorgaben in die nächst tiefere Phase ein.

Die Phasen des Wasserfallmodells
1. Anforderungsanalyse und -spezifikation (engl. Requirement analysis and specification)
2. Systemdesign und -spezifikation (engl. System design and specification)
3. Programmierung und Modultests (engl. Coding and module testing)
4. Integrations- und Systemtest (engl. Integration and system testing)
5. Auslieferung, Einsatz und Wartung (engl. Delivery, deployment and maintenance)

Abb. 3:
Erweitertes Wasserfallmodell mit Rücksprungmöglichkeit
Wesentliches Merkmal ist der statische Ablauf der Phasen.

Das Wasserfallmodell hat den Nachteil des statischen Ablaufs der Phasen. Daher ist es nur für kleine Projekte geeignet. In der Startphase des Projektes muss nach dem Wasserfallmodell z. B. eine vollständige Definition des kompletten Produktes erarbeitet werden. Dies ist nur mit sehr großen Aufwand möglich. Die Vorgehensweise ist für einen praktischen Einsatz bei größeren Projekten eindeutig nicht geeignet. Die mangelnde Flexibilität des Modells und vor allem die Tatsache, dass der Kunde erst am Ende ein „fertiges" Produkt vorgestellt bekommt, ist in der Praxis nur eingeschränkt durchzuhalten. Trotz der beschriebenen Nachteile ist das Wasserfallmodell aber die Basis eines jeden Phasenmodells, da es die Grundschritte der Aufgabenlösung in der Softwareentwicklung beschreibt.

Das Wasserfallmodell bietet sich trotz seiner Einschränkung oft noch als Grundlage zur Strukturierung eines Projektes oder eines Teilprojektes an. Insbesondere in den späteren Modellen dient das Wasserfallmodell als Vorgehensweise für entsprechende Subprozesse.

Spiralmodell

Mit dem Spiralmodell – beschrieben von Barry W. Boehm, 1988 – wird die Statik des Wasserfallmodells aufgelöst. Es ist ein generisches Vorgehensmodell, das den Entwicklungsprozess als iteratives Vorgehen (iteratives Vorgehen = sich wiederholendes, schrittweises Vorgehen, um sich letztlich dem Ziel zu nähern) beschreibt. Am Ende eines jeden sich wiederholenden Zyklus entsteht ein Prototyp, der mit dem Auftraggeber abgestimmt wird. Das Spiralmodell unterteilt einen Zyklus dabei in die folgenden Schritte:

1. Zielbestimmung
2. Bewertung von Alternativen und Risikomanagement
3. Realisierung
4. Überprüfung des Ergebnisses (Review), Planung des nächsten Zyklus

Abb. 4:
Spiralmodell
Es ist ein generisches Vorgehensmodell.

Das Spiralmodell ist innerhalb seiner Iterationsschritte offen für weitere Prozessmodelle. Die Realisierung (Schritt 3) kann durchaus nach dem Wasserfallmodell bearbeitet werden. Der große Vorteil des Spiralmodells liegt in der Überprüfung des Projektfortschritts am Ende eines jeden Zyklus. Jeder Review, durchgeführt zusammen mit dem Auftraggeber, verringert entscheidend die Wahrscheinlichkeit des Scheiterns des Projektes.

Das Spiralmodell ist aufgrund seines generischen Aufbaus relativ gut als skalierbares Modell geeignet.

V-Modell

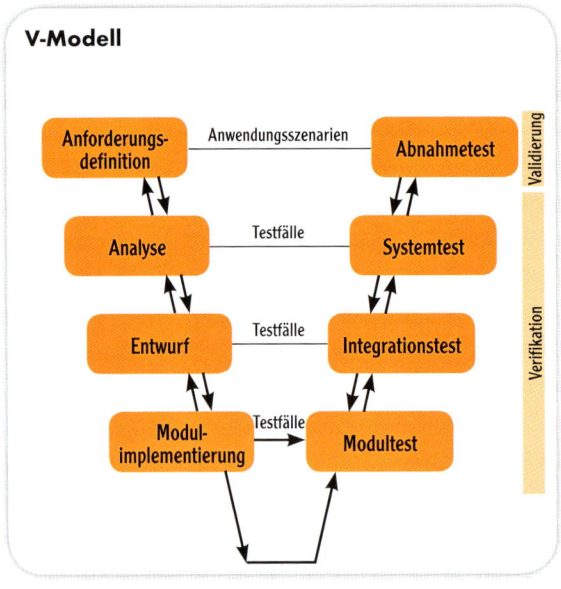

Abb. 5:
V-Modell
Projektmanagement-Struktur für IT-Systementwicklung.

Das V-Modell ist eine abstrakte, umfassende Projektmanagement-Struktur für die IT-Systementwicklung.

Der vormalige Standard, das V-Modell 97, der maßgeblich von der IABG Industrieanlagen-Betriebsgesellschaft mbH, im Auftrag des Bundesinnenministeriums (BMI) entwickelt wurde, war seit 1997 nicht mehr an die Neuerungen der Informationstechnologie angepasst worden. Deshalb wurde vom Bundesverteidigungsministerium in Zusammenarbeit mit dem IT-Amt der Bundeswehr (BMVg/IT-AmtBw) und in Zusammenarbeit mit der Koordinierungs- und Beratungsstelle der Bundesregierung für Informationstechnik in der Bundesverwaltung (BMI-KBSt) das Projekt „Weiterentwicklung des Entwicklungsstandards für IT-Systeme des Bundes auf Basis des V-Modell-97" (WEIT) in Auftrag gegeben.

Als Ergebnis entstand das V-Modell XT, mit dem sich auch die zugrunde liegende Philosophie weiter entwickelt hat. Das neue V-Modell unterscheidet grundsätzlich in Auftraggeber- und Auftragnehmer-Projekte. Die Ergebnisse stehen im Mittelpunkt und nicht, wie bisher, die Aktivitäten. So beschreibt das V-Modell XT eine ziel- und ergebnisorientierte Vorgehensweise. Diese Grundphilosophie ist an vielen Stellen sichtbar:

Das V-Modell XT umfasst
- das Prozessmodell,
- die Methodenzuordnung und
- die Funktionalen Werkzeuganforderungen.

> **Stichwort V-Modell XT:**
> Das V-Modell ist mittlerweile für viele Unternehmen und Behörden ein flexibles Modell zum Planen und Durchführen von Systemprojekten geworden. Das V-Modfll XT definiert die Aktivitäten (Tätigkeiten) und Produkte (Ergebnisse), die während der Entwicklung von Systemen durchzuführen bzw. zu erstellen sind. Darüber hinaus legt es die Verantwortlichkeiten jedes Projektbeteiligten fest. Das V-Modell regelt also detailliert, „Wer Wann Was" in einem Projekt zu tun hat.

Damit ist klar umrissen, in welchen Schritten und mit welchen Methoden die Entwicklungsarbeit auszuführen ist und welche funktionalen Eigenschaften die zum Einsatz kommenden Werkzeuge aufweisen müssen.

> **Der V-Modell XT-Kern beinhaltet die verpflichtenden Vorgehensbausteine:**
> - Projektmanagement
> - Qualitätssicherung
> - Konfigurationsmanagement
> - Problem- und Änderungsmanagement

Der V-Modell XT-Kern kann durch weitere optionale Vorgehensbausteine je nach Projekttyp erweitert werden. Mit dem V-Modell XT-Kern wird ein Mindestmaß an Projektdurchführungsqualität gewährleistet.

Das V-Modell 97 ist in 4 monolithische Submodelle gegliedert:
- Systemerstellung
- Projektmanagement
- Qualitätssicherung
- Konfigurationsmanagement

Das V-Modell XT basiert dagegen auf 18 aufeinander aufbauenden Vorgehensbausteinen. Diese Vorgehensbausteine sind deutlich feiner geschnitten als die Submodelle. Während im V-Modell 97 die Aktivitäten im Mittelpunkt stehen, sind es im V-Modell XT die erzeugten Produkte, auch Ergebnisse genannt.

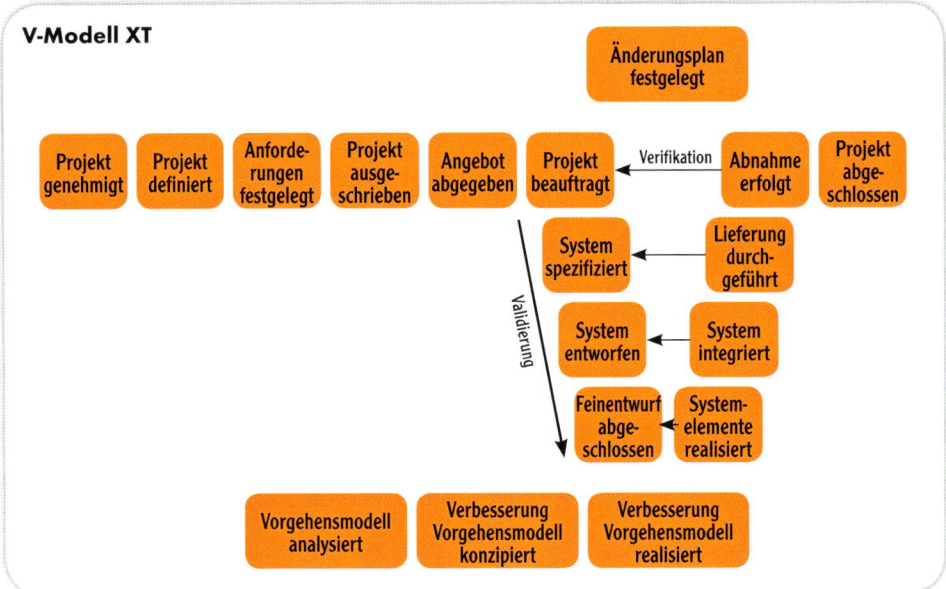

Abb. 6:
V-Modell XT
Basiert auf 18 Vorgehensbausteinen.

Auch bei der Einbindung des Auftraggebers unterscheiden sich die Modelle. Im V-Modell 97 sind die Vorgaben auf den Auftragnehmer ausgerichtet, im V-Modell XT gibt es auch Vorgehensbausteine für den Auftraggeber.

Eine weitere Besonderheit des V-Modell XT ist die vereinfachte projektspezifische Anpassungsmöglichkeit (Tailoring). Diese wird mit Werkzeugen unterstützt.

Die Vorteile des V-Modells sind somit seine umfangreiche Gestaltung als auch seine Skalierbarkeit auf verschiedenste Projekte und auch die Tatsache, dass man gegebenenfalls nur bestimmte Rollen aus dem Modell zur Anwendung bringen kann.

Seine Komplexität fordert andererseits jedoch eine sehr stringente Einhaltung bzw. einen versierten Nutzer bei den notwendigen Anpassungen.

RUP

Der Rational Unified Process – RUP – ist ein objektorientiertes Prozessmodell zur Softwareentwicklung und die Basis für die kommerziellen Produkte der Firma Rational Software. IBM entwickelt den RUP und die zugehörige Software weiter. Der RUP wurde von Philippe Kruchten in seiner Urform erstmals 1996 vorgestellt.

Im RUP akzeptiert man die Tatsache, dass Projektanforderungen zu Beginn eines Projektes nicht vollständig beschreibbar sind und sich oft erst nach Fertigstellung erster Teilprojekte ergeben. Deshalb wird das Projekt zu Beginn in Teilprojekte und Module unterteilt. Die Module werden dann zeitversetzt und teilweise überlappend abgearbeitet. Dabei folgt die Abarbeitung einem Miniwasserfallmodell mit den genannten Phasen.

Über den gesamten Projektverlauf werden Meilensteine definiert, Iterationen genannt. Am Ende jeder Iteration steht ein lauffähiges, bewertbares Zwischenprodukt.

Da der RUP an die unvermeidbare Realität der Softwareentwicklung angepasst wurde, lässt er sich in der Praxis besonders leicht umsetzen.

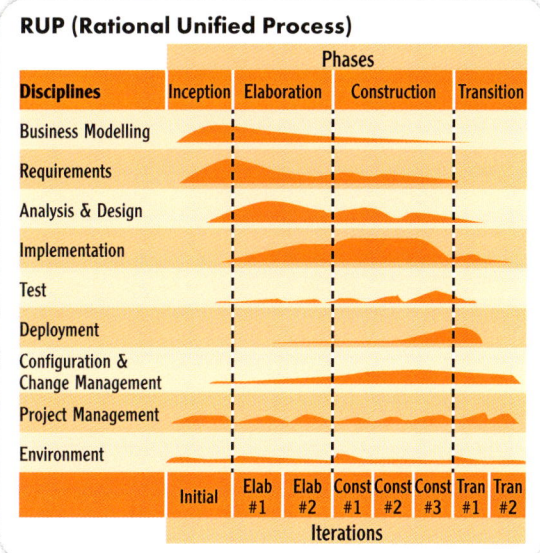

Abb. 7:
RUP (Rational Unified Process)
Objektorientiertes Prozessmodell zur Softwareentwicklung.

> **RUP**
> Die grundsätzliche Arbeit in einem RUP-Projekt sieht vor, dass man zu Beginn des Projektes lediglich ein grobes Konzept, eine Architektur des gesamten Projektes und Module erarbeitet. Dann werden die einzelnen Module nacheinander umgesetzt, wobei die Spezifikation und Planung der Module erst durchgeführt werden, wenn ein Modul an der Reihe ist. In die Spezifikation fließen alle bis dahin gesammelten Erfahrungen aus den vorherigen Modulen ein.
> Aus diesem Grund wird der RUP häufig kritisiert, weil man damit quasi „ins Blaue" arbeitet ohne zu Beginn die gesamte Projektspezifikation sauber auszuarbeiten. Man sollte aber berücksichtigen, dass der RUP dieses Vorgehen nicht vorgibt, sondern diese Vorgehensweise in der Praxis der Softwareentwicklung oftmals die einzig mögliche und sinnvolle ist. Der RUP liefert dafür nur ein strukturiertes Modell.

Wem es schwerfällt, das zu akzeptieren, der rufe sich zum Beispiel eine Hochzeitsfeier in Erinnerung. Deren Vorbereitung ist sehr langwierig und sollte gründlich geplant sein. Trotzdem wird dabei niemals bereits zu Beginn die Sitzordnung geplant. Dafür müssen die Kenntnisse aus den Modulen „Einladung der Gäste inklusive Zusagen" und „Reservierung einer gastronomischen Räumlichkeit" vorliegen. In der Softwareentwicklung verhält sich das analog, nur zumeist viel komplexer.

Agile Programmierung

Trotz aller existierenden Methoden, Verfahren und Prozessmodellen hat sich eine neue Vorgehensweise etabliert, die ein agiles Vorgehen im Projekt postuliert. Bekanntester Vertreter ist **SCRUM**.

SCRUM knüpft an viele Grundannahmen einer Schlanken Produktion (engl. lean production) an und überträgt Erfahrungen aus der Automobilbranche auf die Softwareentwicklung. In der Automobilbranche gilt die Firma Toyota als ein Vorreiter der „schlanken" Produktion. Das sich ständig in der Weiterentwicklung befindende Toyota Production System (TPS) umfasst dabei Methoden und Arbeitsmittel der Produktion und steht im selben Verhältnis zum Toyota Way (der Philosophie hinter dem TPS) wie die SCRUM-Methodik zur agilen Softwareentwicklung. Im Mittelpunkt steht bei beiden Systemen die ständige Weiterentwicklung der Mitarbeiter, der Herstellungsprozesse, der Arbeitsmittel und Methoden, unter gleichzeitig konstantem Beibehalten der Grundannahmen, die dahinter stehen. Gemeinsam ist den meisten agilen Prozessmodellen dabei die gleichzeitige Weiterentwicklung aller an dem Prozess Beteiligten, auch der Kunden und Partner. Ziel der Grundannahmen ist es, die Produktion ständig zu verbessern, um höchste Qualität bei niedrigstem Aufwand zu erreichen.

Bei SCRUM wird grundsätzlich angenommen, dass Produktfertigungs- und Entwicklungsprozesse so komplex sind, dass sie sich im Voraus weder in große abgeschlossene Phasen noch in einzelne Arbeitsschritte mit der Granularität von Tagen oder Stunden pro Mitarbeiter vorherplanen lassen. Somit ist es produktiver, wenn sich ein Team in einem festen äußeren Rahmen mit sehr grober Granularität selbst organisiert. Dieses selbst organisierte Team übernimmt in diesem mit dem Product-Owner abgestimmten Rahmen die gemeinsame Verantwortung für die Fertigstellung der selbstgewählten Aufgabenpakete. Dabei werden traditionelle

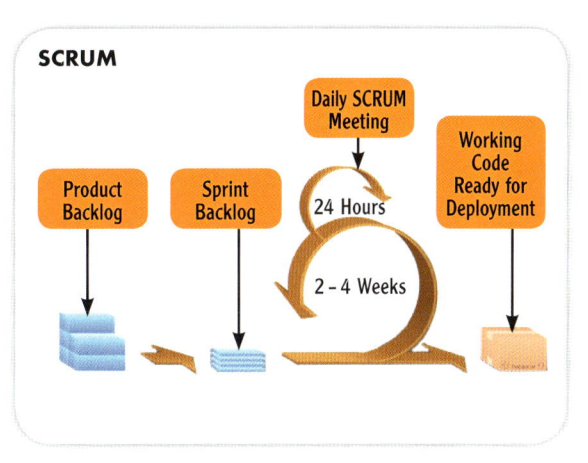

Abb. 8: SCRUM Prozessmodell zur agilen Softwareentwicklung.

Werkzeuge, z. B. zur Kommunikation oder Projektsteuerung, sowie durch das Management „von oben" für die Teamstrukturierung festgelegte Prozesse, die die Zusammenarbeit im Team kontrollieren und regulieren, abgelehnt.

SCRUM basiert als agile Methode auf „Werten", die 2001 im Agilen Manifest u.a. von Kent Beck, Alistair Cockburn, Ward Cunningham und Martin Fowler formuliert wurden:

- Individuen und Interaktionen gelten mehr als Prozesse und Tools.
- Funktionierende Programme gelten mehr als ausführliche Dokumentation.
- Die stetige Zusammenarbeit mit dem Kunden steht über Verträgen.
- Der Mut und die Offenheit für Änderungen steht über dem Befolgen eines festgelegten Planes.

Wenn das Vorgehensmodell SCRUM unausgewogen eingesetzt wird, besteht ein nicht unerhebliches Risiko des Scheiterns, denn sowohl dominante Teamplayer als auch die Vernachlässigung der Dokumentation können die Zielerreichung gefährden.

Das Modell des agilen Programmierens ist ein dauerhafter Lernprozess, welcher sehr sinnvoll eingesetzt werden kann, wenn es wiederkehrende Projekte gibt. Nur für ein einzelnes Projekt ist sehr genau abzuwägen, ob der Implementierungsaufwand für dieses Modell betrieben werden soll.

Weiterführendes

http://de.wikipedia.org/wiki/Wasserfallmodell [Stand: 15.05.2009]
http://de.wikipedia.org/wiki/Spiralmodell [Stand: 15.05.2009]
http://de.wikipedia.org/wiki/V-Modell [Stand: 15.05.2009]
http://de.wikipedia.org/wiki/Rational_Unified_Process [Stand: 15.05.2009]
http://de.wikipedia.org/wiki/SCRUM [Stand: 15.05.2009]
http://de.wikipedia.org/wiki/Capability_Maturity_Model_Integration [Stand: 15.05.2009]

http://www.v-modell-xt.de/ [Stand: 15.05.2009]
http://www-306.ibm.com/software/awdtools/rup/ [Stand: 15.05.2009]
http://scrum-master.de [Stand: 15.05.2009]
http://www.sei.cmu.edu/cmmi [Stand: 15.05.2009]

Bunse Christian, Knethen Antje von: Vorgehensmodelle kompakt; Spektrum akademischer Verlag; 2008

Müller-Etttrich Gunter: Objektorientierte Prozessmodelle: UML einsehen mit OOTC, V-Modell, Objectory; Addison-Wesley, 1999

Versteegen Gerhard: Projektmanagement mit dem Rational Unified Process; Springer, 2000

Kruchten Philippe: Der Rational Unified Process. Eine Einführung; Addison-Wesley, 1999

Pichler Roman: SCRUM – agiles Projektmanagement erfolgreich einsetzen; dpunkt.verlag; 2007

Wolf-Gideon Bleek, Wolf Henning: Agile Softwareentwicklung: Werte, Konzepte und Methoden; dpunkt.verlag, 2008

IT-Projektplanung

Beschreibung

Die Erstellung und Pflege des Projektplanes ist eine der Hauptaufgaben des Projektmanagements. Er stellt die zeitliche und logische Abfolge der im Projekt durchzuführenden Aufgaben (Aktivitäten) dar. Während des Projektes (ggf. abhängig vom gewählten Prozessmodell) treten darüber hinaus fest definierte Ereignisse auf, welche das Ergebnis von vorausgegangenen Aktivitäten sind. Diese Ereignisse werden Meilensteine genannt. Ein Meilenstein ist gem. DIN 69900-1 ein „Ereignis besonderer Bedeutung", und somit ein Ereignis ohne zeitliche Auswirkung. Meilensteine sind jedoch die unverzichtbaren Orientierungspunkte in jedem Projekt. Ein derartiger Meilenstein kann beispielsweise die Abnahme des Pflichtenheftes sein oder der Abschluss der Realisierungsphase.

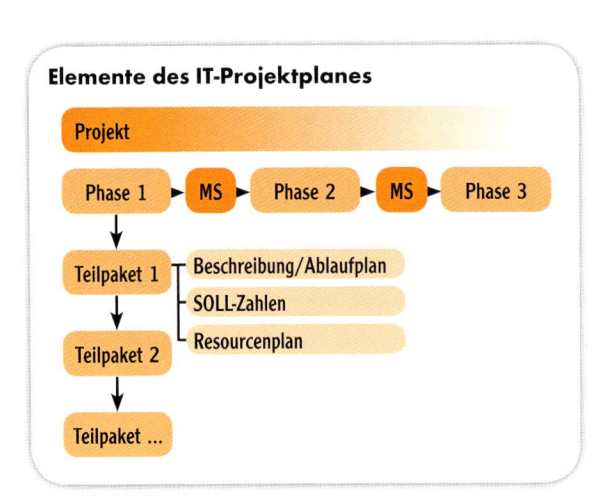

Abb. 9: Elemente des IT-Projektplanes

Der Projektplan kann somit mit einer Reiseplanung bzw. Landkarte verglichen werden. Der Startpunkt und der Zielpunkt sind bekannt, sowie der prinzipielle Weg, um dieses Ziel zu erreichen. Am Anfang ist der Weg noch im Detail bekannt. Desto weiter man vom Startpunkt entfernt ist, umso unsicherer ist die Streckenführung und umso häufiger muss die Reiseroute immer wieder entsprechend neu angepasst werden.

Auf der Reise gibt es wesentliche Etappenziele (Meilensteine), aber auch Umwege, Staus oder Hindernisse, welche eine Anpassung der Reiseroute (Planung) bedeuten bzw. Konsequenzen auf die Ankunftszeit (Ziel) oder die Fahrtkosten (Budget) haben können.

Die Strukturierung des Projektes

Voraussetzung für eine Projektplanung ist die Strukturierung der Bestandteile des Projektes. Diese kann bei der Anwendung eines Prozessmodells bereits durch das Modell selbst vorgegeben sein. Andernfalls ist das Projekt in seine Bestandteile zu zerlegen. Diese Bestandteile können Phasen oder Teilprojekte sein, welche sich wiederum in weitere Unterkomponenten gliedern. Die unterste Ebene dieser Zerlegung des Projektes sollte das sogenannte Arbeitspaket sein.

Ein Arbeitspaket wird gemäß DIN 69901 als das „kleinste, nicht weiter zergliederte Element im Projektstrukturplan" definiert. Ein Arbeitspaket umfasst eine oder mehrere aufeinander aufbauende Aktivitäten, die für die Erreichung des Arbeitspaketsergebnisses durchgeführt werden müssen. Die Aktivitäten werden vor ihrer Ausführung geplant und die resultierenden Aufwände, benötigten Ressourcen und Kosten im Projektplan abgebildet.

Im Idealfall werden vor dem Projektstart alle Arbeitspakete geplant, so dass der Projektplan bis zum Projektende alle Informationen über Ressourcen, Zeit und Kosten detailliert umfasst. Dieser Idealfall tritt jedoch in der Realität eher selten ein. Sehr häufig lassen sich Arbeitspakete erst dann detailliert planen, wenn Ergebnisse aus vorherigen Arbeitspaketen vorliegen. Die noch nicht planbaren Arbeitspakete sollten durch gröbere Schätzungen abgebildet werden, um zumindest eine unscharfe Aussage zu erhalten. Der Projektmanager hat über die gesamte Laufzeit des Projektes die Aufgabe, stetig die groben Schätzungen in der näheren Zukunft durch detailliert geplante Arbeitspakete zu ersetzen. Damit geht im Allgemeinen auch eine Überprüfung der Gesamtprojektziele einher, da diese von Änderungen am Projektplan betroffen sein könnten.

Die Beschreibung eines Arbeitspaketes und seiner zugehörigen Aktivitäten sollte stets schriftlich formuliert werden, um sowohl die Klarheit über die Aufgabe zu erhalten, als auch um Überschneidungen oder Deckungslücken zu anderen Arbeitspaketen zu erkennen.

Die Beschreibung orientiert sich an der zugrunde liegenden Anforderungsbeschreibung wie beispielsweise dem Pflichtenheft und sollte möglichst folgende Informationen enthalten:

- Einen sprechenden Namen bzw. eine eindeutige Identifikationsnummer.
- Die Benennung von Verantwortlichkeiten für das Arbeitspaketergebnis, aber auch des Verantwortlichen für die Abnahme.
- Eine inhaltliche Beschreibung des Ziels des Arbeitspaketes sowie die eindeutige Beschreibung des Ergebnisses.
- Die Beschreibung, was in welcher Form benötigt wird, um zu das Arbeitspaket zu beginnen (vorausgehende Lieferbeziehung). Die Beschreibung, wer Ergebnisse in welcher Form benötigt (nachfolgende Lieferbeziehung).
- Dauer und Aufwand mit Festlegung von Ressourcen und Einsatzmitteln soweit möglich.
- Beschreibung der Art, wie das Ergebnis aussieht, und, falls es ein Dokument ist, die Benennung des Dokumentes und des erwarteten Inhaltes.
- Mögliche Risiken inklusive deren Bewertung.
- Benennung von möglichen Restriktionen, welche für die Umsetzung des Arbeitspakets unabdingbare Voraussetzung sind, jedoch weder über Voraussetzungen noch über Risiken abgegolten sind wie beispielsweise notwendige Schulungen.
- Mögliche Vorgaben und Rahmenbedingungen für die Ausführung der Arbeitspakete.

Aus der Summe der Arbeitspakete sowie deren logischen Voraussetzungen lässt sich der Ablaufplan für das Projekt ermitteln.

Ein Projektplan besteht jedoch nicht nur aus dem Ablaufplan, sondern sollte auch auf die folgenden Aspekte eingehen und diese bei der Planerstellung und bei späteren Anpassungen berücksichtigen.

- **Organisation:** Passen die Verantwortlichkeit und Zuständigkeit der Aufgaben zur Projektorganisation?
- **Kommunikation:** Wer informiert wen, wann, worüber und wie? Wer erhält welche Ergebnisse? (Ergebnisempfänger)
- **Dokumentation:** Welche Dokumente werden wann erstellt und wie bzw. wann frei gegeben? (Ergebnistyp)
- **Ressourcen:** Welche Ressourcen und welches Budget werden wann und wofür benötigt?
- **Risiken:** Welche Risiken können wann oder wo im Projekt auftreten und wie ist mit Ihnen umzugehen?

Organisation und Kommunikation

Bei der Projektplanung sollte man darauf achten, dass die Zuständigkeiten für die Bearbeitung der einzelnen Arbeitspakete im Einklang mit der Aufbau- bzw. Ablauforganisation des Projektes und auch der Organisation insgesamt stehen. Brüche in der Verantwortlichkeit und in der Kommunikation der Beteiligten untereinander sollte man vermeiden.

Dokumente

Sämtliche in einem Projekt zu erstellenden Dokumente sind eigene Aktivitäten innerhalb eines Arbeitspaketes oder Bestandteil des Ergebnisses eines Arbeitspaketes. Dokumente können sich jedoch auch über mehrere Arbeitspakete erstrecken. Das Arbeitspaket liefert in diesem Fall nur Teilaspekte des Dokuments, das sowohl einzeln, als auch im gesamten Dokumentenkontext als Ergebnis freizugeben ist.

Ressourcen

Als Ressourcen – der deutsche Begriff ist Einsatzmittel – bezeichnet man nach DIN 69902 „Personal und Sachmittel, die zur Durchführung von Vorgängen, Arbeitspaketen oder Projekten benötigt werden".
Aufbauend auf den Aktivitäten der Arbeitspaketbeschreibung werden die Ressourcen den jeweiligen Aktivitäten zugeordnet. Es können selbstverständlich auch mehrere Ressourcen und verschiedene Ressourcenarten in einem Arbeitspaket anfallen, jedoch sind keine Arbeitspakete ohne Ressourcen denkbar.

Die Ressourcenplanung soll einen optimalen Einsatz der Ressourcen gewährleisten. Engpässe an Ressourcen, Veränderungen in den Anforderungen des Projektes, begrenzt verfügbare Arbeitsmittel und Einflüsse aus anderen Projekten innerhalb der Organisation erfordern eine stetige Anpassung der Einsatzplanung über den gesamten Projektverlauf hinweg.

Aus Sicht der Organisation muss durch diese Anpassungen eine optimale Auslastung, bzw. ein optimaler Einsatz aller Ressourcen über alle Projekte hinweg erreicht werden (Multiprojektmanagement). Dies gilt insbesondere für sogenannte Engpassressourcen.

Durch die monetäre Bewertung der Einsatzmittel erhält das Projekt eine (Gesamt-)Kostenplanung und eine Finanzmittelbedarfsplanung über die Projektlaufzeit. Diese Erkenntnisse sind nicht nur für eine Angebotsphase am Anfang des Projektes relevant, sondern auch für das Controlling und letztendlich zur Bewertung des Projekterfolges aus finanzieller Sicht.

Risiken

Das Risikomanagement ist eine der anspruchsvollsten Aufgaben im Projektmanagement. Mit einer vorausschauenden Risikoanalyse und -bewertung lassen sich frühzeitig geeignete Maßnahmen zur Risikoreduzierung ableiten. Die Nennung der Risiken in den Arbeitspaketbeschreibungen ist die Basis für das Risikomanagement.

Grundlage des Risikomanagements ist neben der Identifikation der Risiken, deren Bewertung hinsichtlich möglicher Eintrittswahrscheinlichkeiten und der Schadenshöhen im „Ernstfall". Sinnvollerweise teilt man die Risiken in Risikoklassen ein, welche abhängig von der Eintrittswahrscheinlichkeit und Schadenshöhe eine Risikobewertung ermöglichen. Der Projektmanager kann so durch geeignete Maßnahmen Risiken vermeiden und wenn sie doch eintreten sollten schnell, geplant und effizient reagieren.

Die Risiken der Arbeitspaketbeschreibungen sind um übergreifende Risiken innerhalb und außerhalb des Projektes zu ergänzen. Manchmal ist es sogar angebracht, eigene Risikoworkshops abzuhalten, die sich ausschließlich diesem Themenkomplex widmen.

Wenn die Arbeitspakete vollständig beschrieben, die Verantwortlichkeiten, Ergebnisse und Vorbedingungen geklärt, die Risiken bekannt und die Ressourcen stets aktuell zugeordnet sind, liegt ein belastbarer Projektplan vor.

Die Evaluierung des Projektplanes

Bei der Planung ist zu beachten, dass der Grad der Unsicherheit für anstehende Aktivitäten umso höher ist, desto weiter diese in der Zukunft liegen. Dennoch stellt die Projektplanung den wesentlichen Fahrplan dar und sollte daher so früh wie möglich erstellt werden, bestenfalls bereits während der Projektdefinition. Die Fortschreibung der Planung erfolgt dann projektbegleitend, sobald neue Informationen oder Erkenntnisse vorliegen.

Im Rahmen der projektbegleitenden Aktualisierung der Planung sollten auch die Aktivitäten schrittweise geplant werden, welche zu Beginn lediglich als grobe Schätzung vorlagen. Diese Vorgehensweise wird auch rollierende Planung genannt. Um über den Projektverlauf die Änderungen eines Projektes, insbesondere gegenüber der ursprünglichen Planung, vergleichen zu können, ist es ratsam, zu bestimmten Zeitpunkten einen sogenannten Basisplan zu sichern. Dieser Basisplan ist die Bezugsgrundlage für eine spätere Abweichungsanalyse. Der erste Basisplan wird mit dem Projektstart gesichert, alle weiteren zu wesentlichen Ereignissen oder bei erheblichen Projektänderungen.

Planung ersetzt Zufall durch Irrtum

Es liegt in der Natur der Sache, dass ein Projekt aufgrund seiner Einzigartigkeit Änderungen erfahren wird, welche vorher nicht absehbar waren. Für derartige Abweichungen ist es sinnvoll, ein Änderungsverfahren (Change Management) im Projekt zu etablieren. Das Änderungsverfahren dient dazu, auf nicht vorhersehbare Anforderungen mit den notwendigen Entscheidungen und Anpassungen des weiteren Projektverlaufs im Rahmen eines geordneten Prozesses zu reagieren.

Wichtig ist dabei die Festlegung, welche Änderungen in eines Projekt als „normale" Abweichungen zu sehen und somit im Rahmen des Projektmanagements zu steuern sind, und welche Änderungen „wesentlich" sind. Letztere sollten als Change Request dokumentiert und eventuell separat genehmigt werden. Wesentliche Änderungen sind hierbei sicherlich inhaltliche Abweichungen von den Projektzielen und Spezifikationen. Dazu gehören auch wesentliche terminliche Abweichungen oder Änderungen des genehmigten Budgets.

Durch das Change Management können die Ursachen der Änderungen, mögliche Lösungsvorschläge und deren Konsequenzen dokumentiert und einem strukturierten Genehmigungsverfahren zugeführt werden. Die Entscheidungen infolge eines Änderungsantrages sind in die Projektplanung zu integrieren.

Grundsätzlich gilt aber, dass das Änderungsverfahren nicht dazu genutzt werden soll, Versäumnisse im Projekt nachträglich zu legitimieren und somit den Projektstatus künstlich zu verbessern.

Wenn infolge eines Änderungsantrages der Projektplan angepasst wurde, so gilt dieser auch für das Controlling als neue Grundlage. Daher sollte ein derart geänderter Plan als neuer Basisplan gesichert werden.

Ziel

Mit einer soliden Projektplanung erhält man über die gesamte Projektlaufzeit ein von allen Beteiligtes akzeptiertes und abgestimmtes Vorgehen bei der Projektabwicklung.
Auch wenn die Projektplanung keine Garantie für den Projekterfolg ist, so ist sie doch das entscheidende Hilfsmittel zur Erreichung der Projektziele.

Während Lastenheft und Pflichtenheft die fachlichen Vorgaben eines Projektes enthalten, umfasst die Projektplanung alle Vorgaben für Ressourcen, Termine und Kosten.

Der Projektplan muss das zentrale Instrument sein

- **für die Steuerung des Projektes**
  Der Projektplan ist die Grundlage für Projektleitung und Auftraggeber, um anstehende Entscheidungen zu treffen oder unterstützenden Maßnahmen einzuleiten, welche notwendig sind, um den Projekterfolg zu gewährleisten. Er ist darüber hinaus die Grundlage für das Change Management, welches das Projekt wieder auf „Kurs" bringen soll, wenn das Projektziel aufgrund geänderter Rahmenbedingungen in Gefahr gerät. Er ist das Instrument, um mögliche Alternativszenarien zu simulieren, deren Auswirkung zu identifizieren und somit die richtigen Entscheidungen zu treffen.

- **für die Projekttransparenz für alle Beteiligten**
  Anhand eines aktuellen und nachvollziehbaren Projektplanes können alle am Projekt beteiligen jederzeit den Stand der Arbeiten erkennen, sehen, wann welche Aktivitäten erfolgen, wer involviert ist und wann welche Ergebnisse vorliegen. Diskussionen über den Projektstatus und -fortschritt können zielorientierter geführt werden, Ansprechpartner zu den Arbeitspaketen sind bekannt.

- **für das Projektcontrolling**
  Die Informationen der Projektplanung sind die zentrale Basis für das Projektcontrolling. Ist- oder Prognosewerte als Entscheidungsgrundlage des Controllings sind nur dann wertvoll, wenn eine entsprechend gültige Vergleichsbasis gegeben ist. Diese liefert der jeweilige gültige Projektplan.

- **für das Reporting**
  Eine wesentliche Aufgabe des Projektmanagement bzw. der Projektleitung ist das Reporting des Projektstatus. Dieses Reporting dient der Information von Auftraggebern, Stakeholdern und anderen nicht direkt am Projekt beteiligten Bereichen einer Organisation. Die durch den Projektplan gegebene Transparenz ist die Grundlage für das Reporting, aber auch die Grundlage für die notwendige Interpretation der Fakten.

Kriterien

Die Aufgabe des Projektplanes ist es nicht, das Projekt erfolgreich durchzuführen. Seine Aufgabe ist es lediglich, dem Projektleiter als entsprechend machtvolles Instrument zu dienen, damit dieser das Projekt erfolgreich durchführen kann. Der Umfang, den ein Projektplan unter dieser Prämisse haben muss, ist natürlich sehr stark von der Größe des Projektes abhängig. Trotzdem kann man folgende Grundvoraussetzungen festschreiben, die erfüllt sein müssen, damit von einem geplanten Vorgehen in einem Projekt gesprochen werden kann:

- Meilensteine sind klar und eindeutig definiert und abgebildet.
- Meilensteine und Arbeitspakete haben messbare Ergebnisse.
- Sollzahlen für Aufwand und Budget sind festgelegt.
- Ressourcen sind für alle geplanten Arbeitspakete sinnvoll und ohne kritische Überlastungen zugeordnet.
- Bei einem laufenden Projekt sind zumindest die Arbeitspakete in der nahen Zukunft komplett ausformuliert und geplant.
- Alle Arbeitspakete und Aktivitäten sind sauber im Projektplan integriert und verknüpft.
- Die Projektplanung sollte die Forderungen des Pflichtenheftes möglichst Use Case orientiert abbilden und idealerweise auch referenzieren.
- Der Projektplan zeigt nicht was man möchte, sondern stets was realistisch machbar ist.
- Der Projektplan ist aktuell.

Die Kriterien für einen Projektplan sollten vollständig betrachtet werden, müssen jedoch, aus Gründen der Verringerung der Komplexität, nicht zwangsläufig in einem System bzw. Plan abgebildet werden. Wird bei großen Projekten mit mehreren Plänen gearbeitet, ist darauf zu achten, dass die Schnittstellen zwischen den Plänen eindeutig definiert sind. Die benötigten Informationen für die Fortschreibung der Einzelpläne sind immer von der „treibenden" Seite zu liefern. So beeinflusst beispielsweise die Terminplanung die Liquiditätsplanung. Dies bedeutet, dass die Terminplanung der Liquiditätsplanung die benötigten Termine zu liefern hat. Der Pflege derartiger Schnittstellen muss ein besonderes Augenmerk gelten, insbesondere bei Anpassungen der Planung.

Anwendungsmöglichkeiten

Die Projektplanung und der zugrunde liegende Projektplan sollen das Projekt über die gesamte Laufzeit begleiten. Allerdings beginnt ein Projekt nicht mit dessen Umsetzung, sondern schon beim ersten Gespräch mit dem Projektkunden.

Der Projektplan in der Bedarfsanalyse

In der Bedarfsanalyse gibt der Auftraggeber des Projektes seine Anforderungen hinsichtlich Inhalt, Form und Terminen bekannt. Der erste Projektplan besteht deshalb aus den vom Auftraggeber vorgegebenen Terminen und Meilensteinen. Eventuell sind bereits Systemmodule oder Projektphasen besprochen. Auch diese werden in den Plan eingefügt. Um eine erste Kostenschätzung zu erhalten, können auch bereits Ressourcen zugeordnet werden. Die Zuordnung und Benennung ist dabei erfahrungsgemäß noch sehr unscharf.

Umgekehrt kann der Auftraggeber neben Terminen auch einen Kostenrahmen vorgeben. Aus diesem lassen sich dann die möglichen Ressourcen ableiten, was bei einer Machbarkeitsanalyse sehr hilfreich ist.

Man beachte, dass in diesem Projektstadium noch alle Angaben unverbindlich sind.

Der Projektplan bei der Projektdefinition

Wird das Projekt konkret in Richtung eines Pflichtenheftes ausgearbeitet, so entstehen konkrete Phasen, Systemmodule und Use Cases. Diese Informationen ersetzen oder konkretisieren die Einträge des ursprünglichen Planes. Arbeitspakete können nun aufgrund der Anforderungen, der bestehenden Abhängigkeiten, aber auch unter Berücksichtigung der Verfügbarkeit von Ressourcen und gewünschten Terminen benannt werden. Sie müssen aber noch nicht konkret ausformuliert sein.

Im Allgemeinen werden die ursprünglichen Terminvorstellungen und Meilensteine des Auftraggebers durch die konkrete Planung nochmals verändert bzw. validiert.

Durch die Zuordnung von Ressourcen, auch wenn es nur definierte Rollen sind, liefert der Projektplan am Ende dieses Projektstadiums die Basis für eine verbindliche Termin- und Kostenschätzung.
In vielen Fällen ist diese Basis auch die maßgebliche Quelle für die Angebotserstellung.

> **Vom Groben ins Detail**
> Zur Verfeinerung von Modulen oder Phasen in Arbeitpakete und Aktivitäten geht man folgendermaßen vor:
> - Zerlegung in Teilaufgaben und in sinnvolle Größenordnungen
> - Priorisierung der Teilaufgaben
> - Identifikation von Abhängigkeiten
> - Identifikation von Verantwortlichen für die jeweiligen Arbeitspakete
> - Berücksichtigung von Zeitreserven für die notwendigen Findungsphasen
> - Strikte Trennung von Dauer und Aufwand in der Ressourcen- und Zeitplanung
> - Einplanen von Zeitreserven für Teamfindungs- und Ausarbeitungsphasen

Der Projektplan in der Umsetzung

Geht das Projekt in die Umsetzungsphase, so müssen die Arbeitspakete der nahen Zukunft gemäß den schon erwähnten Inhalten ausformuliert werden. Dabei werden die Erkenntnisse aus den bereits abgeschlossenen Arbeitspaketen maßgeblichen Einfluss auf die zukünftigen Arbeitspakete haben. Der Plan kann sich in dieser Phase vielfach stark verändern. Jedoch liefern diese Änderungen am Plan auch immer die Aussage, ob das Projektziel noch realistisch ist, oder ob Änderungsanträge zu stellen sind. Man nennt diese Art der Projektplanung „rollierende Planung".
Sinnvollerweise sollte man im Projektplan auch den Ist-Zustand pflegen. Das heißt, dass die tatsächlich angefallenen Aufwendungen an Ressourcen und Zeiten in den Plan eingepflegt werden. Nur so werden die Auswirkungen der bisherigen Arbeit auf das Gesamtprojekt sichtbar.

Um die Information über die ursprüngliche Planung nicht zu verlieren und eine spätere Analyse des Projektverlaufs zu ermöglichen, sollten regelmäßig Zwischenstände gesichert werden.

Der Projektplan nach Projektende

Ist das Projekt abgeschlossen, so zeigt der Projektplan den tatsächlichen Projektverlauf mit allen Aufwendungen an Resourcen und den benötigten Zeiten. Man kann mit den gespeicherten Zwischenständen des Projektplanes sehr detailliert analysieren, wie gut sich die Planung umsetzten ließ und wo die Realität andere Wege gegangen ist. Diese Informationen sind für nachfolgende Projekte sehr wertvoll.

Der Projektplan ist entgegen vieler Erwartungen ein sehr lebendiges Dokument, das ständig die unvermeidlichen Änderungen innerhalb eines Projektes widerspiegelt. Ein statischer Projektplan verliert über kurz oder lang seinen Bezug zum Projekt und ist damit unbrauchbar.

Der kritische Pfad

Der Projektplan zeigt den Weg vom Start zum Ziel. Ebenso lässt sich dieser Weg auch rückwärts betrachten. Ausgehend vom Endtermin und der jeweiligen Dauer der Vorgänge und deren Abhängigkeiten kann ermittelt werden, wann eine Aufgabe spätestens begonnen werden muss, um den Projektendetermin nicht zu gefährden. Diese Rückwärtsrechnung zeigt auch, wie viel Zeitreserven noch existieren, um beispielsweise Maßnahmen für die Teamentwicklung einzuleiten.

Der Pfad im Projektplan, der keinerlei Zeitreserven aufweist, wird „kritischer Pfad" genannt. Aktivitäten auf diesem kritischen Pfad beeinflussen direkt den Endtermin des Projektes. Der Projektleiter muss daher sein Augenmerk vor allem auf die termingerechte und qualitativ korrekte Abarbeitung dieser Aufgaben kümmern, um den Endtermin des Projektes nicht zu gefährden.

Motivation

Ein aktueller und vollständiger Projektplan zeigt jederzeit die anstehenden Aufgaben, das benötigte Personal und den Bedarf an Sachmitteln. Es ist somit für alle Beteiligten stets transparent, was für den weiteren Projektverlauf benötigt wird. Darüber hinaus kann anhand der beendeten Entwicklungsschritte erkannt werden, was im Rahmen des Projektes bereits geleistet wurde. Dieser Blick zurück ist insbesondere in IT-Projekten wichtig, um den Erfolg des Entwicklungsprozesses nachvollziehen zu können. Der Projektplan ist das zentrale Steuerungsinstrument für den Projektleiter und die Basis für das Projektcontrolling.

Die wesentlichen Vorteile eines guten Projektplanes sind:

Wenn alle am Projekt Beteiligten an der Planung mitwirken und ihre Informationen einfließen lassen, ist der Projektplan abgestimmt und von allen akzeptiert. Dann laufen alle Anstrengungen effizient in dieselbe Richtung.
- Der Projektplan erhöht die Planungssicherheit, da sich die einzelnen Projektbeteiligten nicht ständig überlegen müssen, was als nächstes zu tun ist, sondern sich auf ihre konkreten Aufgabe konzentrieren können.
- Der Bedarf an Ressourcen wird zu jeder Zeit sichtbar und beherrschbar.
- Der Projektplan zeigt den Fahrplan des Projektes auf und nimmt somit allen am Projekt Beteiligten Unsicherheit und Unruhe.
- In iterativen Planungsschritten wird stets das Anstehende detailliert geplant, so dass die bis dahin gewonnen Projekterkenntnisse direkt in die Planung einfließen können.
- Der Projektplan ermöglicht es, Änderungen im Ablauf oder in den verfügbaren Ressourcen zu analysieren und somit abzuschätzen, was die Auswirkungen auf den Projektverlauf sind.
- Der Plan liefert Transparenz und macht insbesondere das Verhalten einzelner Teammitglieder sichtbar. Das vermeidet Diskussionen.
- Jedes Projekt durchläuft auch Krisen oder Findungsphasen. Mit einem belastbaren Projektplan sind diese deutlich leichter beherrschbar als ohne.

Ganzheitlichkeit

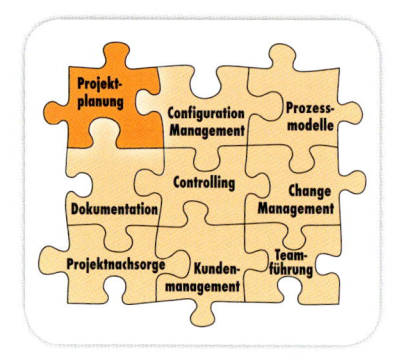

Der Projektplan stellt den konkreten Fahrplan für die erfolgreiche Umsetzung eines Projektes dar. Als solcher ist er auf vielfältige Art und Weise mit den anderen Aspekten des Projektmanagements verwoben.

Prozessmodelle

Gibt es im Unternehmen ein definiertes Vorgehen zur Bearbeitung von Projekten, so wird der Projektplan dieses Prozessmodell abbilden. Der Projektplan ist eine spezifische Anpassung des Prozessmodells auf das konkrete Projekt hin. Dies führt zu deutlichen Arbeitsersparnissen in der Erstellung der Planung.
Der Projektplan ist somit das Bindeglied zwischen Prozessmodell und Produkt.

Dokumente

Der Projektplan selbst ist ein Dokument. In seine Erstellung sowie seine Evolution fließen Dokumente ein. Das Pflichtenheft ist seine Basis, die Ergebnisse der Bearbeitung der Arbeitspakete sorgen für seine Fortschreibung. Dokumente sind wesentliche Elemente eines erfolgreichen Projektes, was häufig unterschätzt wird. Deshalb gehört die Anfertigung dieser Dokumente in den Projektplan. Dort sind sie entweder eigene Arbeitspakete oder gehören verbindlich zum Arbeitsergebnis eines solchen.

Controlling

Der Projektplan stellt darüber hinaus stets die Grundlage für mögliche Änderungsanträge dar, da diese ja eine Abweichung vom aktuellen Status beinhalten, und dieser kann nur anhand des Projektplanes bewertet werden.
Er ist die Basis für das Controlling, da er Sollwerte bereitstellt, die mit den Istwerten verglichen werden können. Die Fortschreibung des Projektplanes ist wiederum abhängig von den Erkenntnissen, die das Controlling liefert und von den Entscheidungen, die aufgrund dieser Erkenntnisse getroffen werden.
Der ursprüngliche Projektplan (Basisplan) bzw. die entsprechenden Zwischensicherungen sind die Grundlage für die mitlaufende bzw. die Nachkalkulation des Projektes.

Teamführung

Der Projektplan bietet dem Team Transparenz und Sicherheit. Er gibt einen Überblick über die geleistete Arbeit und die vor dem Team liegenden Aufgaben. Er ist damit die Basis für die Teambesprechungen und die Grundlage, um den weiteren Projektverlauf mit allen Beteiligten zu planen. Er dient darüber hinaus jedem Mitarbeiter als Grundlage für seine persönliche Aufwands- und Einsatzplanung.

Best Practices

- **Prototypen erstellen:**
Bei Softwareprojekten ist es sinnvoll, dass Sie im Projektplan die Erstellung mehrerer Prototypen vorsehen. Falls Sie das Wort „Prototyp" wegen der assoziierten Kosten scheuen, nennen Sie es „Lauffähige Zwischenstände" Solche demonstrierbaren Zwischenversionen verringern die Gefahr von gravierenden Fehlentwicklungen aufgrund von Missverständnissen oder Fehlentwicklungen. Dem Kunden können Sie schnell erste Ergebnisse präsentieren und dieser kann überprüfen, ob seine Anforderungen erfüllt werden.

- **Meilensteine definieren:**
Definieren Sie Meilensteine in Ihrem Projekt. Meilensteine zeigen, wann wichtige Ereignisse anstehen bzw. erreicht wurden. Die Erreichung derartiger Ereignisse zeigt, ob das Projekt auf dem richtigen Weg ist. Meilensteine sind häufig ein günstiger Zeitpunkt, um eventuell notwendige Änderungen im Projekt einzuleiten.
Die Erreichung von Meilensteinen bietet einen guten Anlass, außerhalb der regelmäßigen Reportingstrukturen über den Stand des Projektes zu informieren.

- **Messbare Ergebnisse vorsehen:**
Nur wenn Sie messbare Ergebnisse fordern und einplanen, können Sie sicher sein, dass die vereinbarte Leistung auch tatsächlich in Art und Umfang erreicht wird. Dies reduziert das Risiko von Fehlentwicklungen im Projekt. Gerade in IT-Entwicklungsprozessen ist die Interpretation der erreichten oder erreichbaren Ergebnisse ein aufwändiger und zeitraubender Prozess, welcher meist in einer nicht eindeutigen Ergebnisdefinition begründet liegt. Beispielsweise wird in vielen Projekten eine „ausreichende Performance" gefordert ohne festzulegen, aus wessen Sicht und was „ausreichend" ist. Eine Steigerung der Leistungsfähigkeit eines Systems um x Prozent gegenüber einem Vorgängersystem ergibt klare und damit messbare Faktoren.

- **Risiken betrachten:**
Im Rahmen der Planung dokumentierte Risiken sind die Grundlage für ein aktives Risikomanagement. Überlegen Sie sich regelmäßig (auch mit anderen Projekt-

beteiligten) wer oder was ihrem Projekt wie schaden könnte, bewerten Sie diese Risiken bzw. überlegen Sie sich mögliche Gegenmaßnahmen.

- **Mitarbeiter einbeziehen:**

Beziehen Sie diejenigen Mitarbeiter in die Planung ein, die später die Aufgaben verantworten. Machen Sie deren Planung zu Ihrer eigenen Planung. Berücksichtigen Sie, was für ein Planungstyp der jeweilige Mitarbeiter ist und bauen Sie dementsprechende Reserven ein. Passen Sie die Planung an, wenn dies notwendig sein sollte. Dieser Anpassungsprozess muss jedoch für den Mitarbeiter transparent sein. Es soll nicht der Eindruck entstehen, dass dessen Schätzung einfach übergangen wurde.

- **Reviews einbauen:**

Gerade bei IT-Projekten und deren Schnelllebigkeit ist es wichtig, dass Sie regelmäßige Reviews einplanen, um sowohl den Grad der Zielerreichung zu prüfen als auch die Gültigkeit des Ziels selbst. Darüber hinaus gibt es gerade in IT-Projekten häufig Missverständnisse darüber, was der Auftraggeber als Ergebnis erwartet und was der Auftragnehmer als zu liefernde Leistung versteht. Wenn Reviews, auf Basis von Use Cases, regelmäßig durchgeführt werden, können diese Missverständnisse frühzeitig ausgeräumt und die spätere Akzeptanz erhöht werden.

- **Puffer einbauen**

Jedes Projekt wird von Zeit zu Zeit Verzögerungen oder kleinere Änderungen erfahren. Ob das technische Probleme, veränderte Kundenanforderungen oder Findungsphasen im Team sind, so glatt wie geplant läuft es selten. Um nicht bei jeder dieser Probleme sofort ein Änderungsverfahren in Gang setzen zu müssen, sollte Ihr Projekt Puffer beinhalten, welche Sie bei Bedarf verteilen können. Ob diese Puffer gleichmäßig über die Arbeitspakete verteilt werden oder als konkreter Posten im Kosten- und Aufwandsplan stehen, ist nicht relevant. Wichtig ist nur, dass Sie die Vorgaben an das Team zunächst ohne Puffer stellen und die Puffer erst bei tatsächlichem Bedarf explizit verteilen.

- **Ehrlichkeit im Umgang mit Plandaten**

Seien Sie bei der Planung dem Kunden gegenüber ehrlich, als auch zu sich selbst. Es ist niemandem geholfen, wenn Sie eine Planung nach dem Prinzip „Hoffnung" entwickeln, nur um einen positiven Eindruck zu machen.

Weiterführendes

http://de.wikipedia.org/wiki/Projektplanung [Stand: 15.05.2009]
http://de.wikipedia.org/wiki/Wikipedia:WikiProjekt_Projektmanagement [Stand: 15.05.2009]
http://www.software-project-management.de [Stand: 15.05.2009]
http://www.projektmagazin.de/glossar/gl-0090.html [Stand: 15.05.2009]

Drews Günther, Hillebrand Norbert: Lexikon der Projektmanagement-Methoden; Haufe-Verlag, 2007

Wieczorrek Hand, Mertens, Peter: Management von IT-Projekten: Von der Planung zur Realisierung; Springer Verlag; 2008

Mangolg Pascal: IT-Projektmanagement kompakt Spektrum Akademischer Verlag; 2008

Berkun Scott: Die Kunst des IT-Projektmanagements; O'Reilly; 2006

DeMarco Tom: Der Termin. Ein Roman über Projektmanagement; Hanser Fachbuch; 2007

Dokumente
in IT-Projekten

Beschreibung

In einem IT Projekt entstehen eine Vielzahl von Dokumenten. Diese Dokumente sollen den Funktionsumfang, die Vorgehensweise, die Entwicklungen und die Änderungen dokumentieren. Diese Dokumente werden von unterschiedlichen Personen in verschiedenen Phasen und zu verschiedenen Themen geschrieben. Alle Dokumente zusammen ergeben am Schluss des Projektes ein Gesamtbild über Ablauf, Ziele und das Resultat des Projektes.

Keines der zu erstellenden Dokumente ist immer gleich, vielmehr sollte es in jedem Projekt an die Bedürfnisse des Projektes angepasst werden. Darüber hinaus können auch die Projektteilnehmer wie der Projektleiter, das beauftragte Unternehmen und der Auftraggeber selbst Anpassungen erforderlich machen. Wichtig ist, dass Struktur und Zweck der einzelnen Dokumente erhalten bleiben.

Bei der Erstellung der Dokumente in einem Projekt wird zwischen der Projekt- und der Produktdokumentation unterschieden.

Die Produktdokumentation umfasst alle Dokumente, die für Einsatz und Betreuung des Produktes notwendig sind. Die Vorlage dieser Dokumente ist meist zwingende Voraussetzung für eine Abnahme des Produktes. Die Projektdokumentation umfasst alle Dokumente, welche im Rahmen einer effizienten Projektplanung und -steuerung erstellt werden und somit die Erreichung des Projektzieles unterstützen.

Darüber hinaus gibt es noch die jeweilige Prozessdokumentation, welche entsprechende Prozesse (z. B. PM-Prozesse oder Entwicklungsprozesse) beschreibt, aber nicht unmittelbar Bestandteil des Projektes ist. Auf diese Prozessdokumentation soll hier nicht weiter eingegangen werden.

Die nachfolgende Übersicht stellt eine Beispielliste für Dokumente dar, die in den meisten IT Projekten benötigt werden. Dies heißt nicht, dass jedes IT Projekt jedes dieser Dokumente aufweisen muss. Diese Übersicht stellt einen relativ verlässlichen Rahmen dar, kann aber natürlich nicht vollumfänglich sein.

Dokumente in IT-Projekten

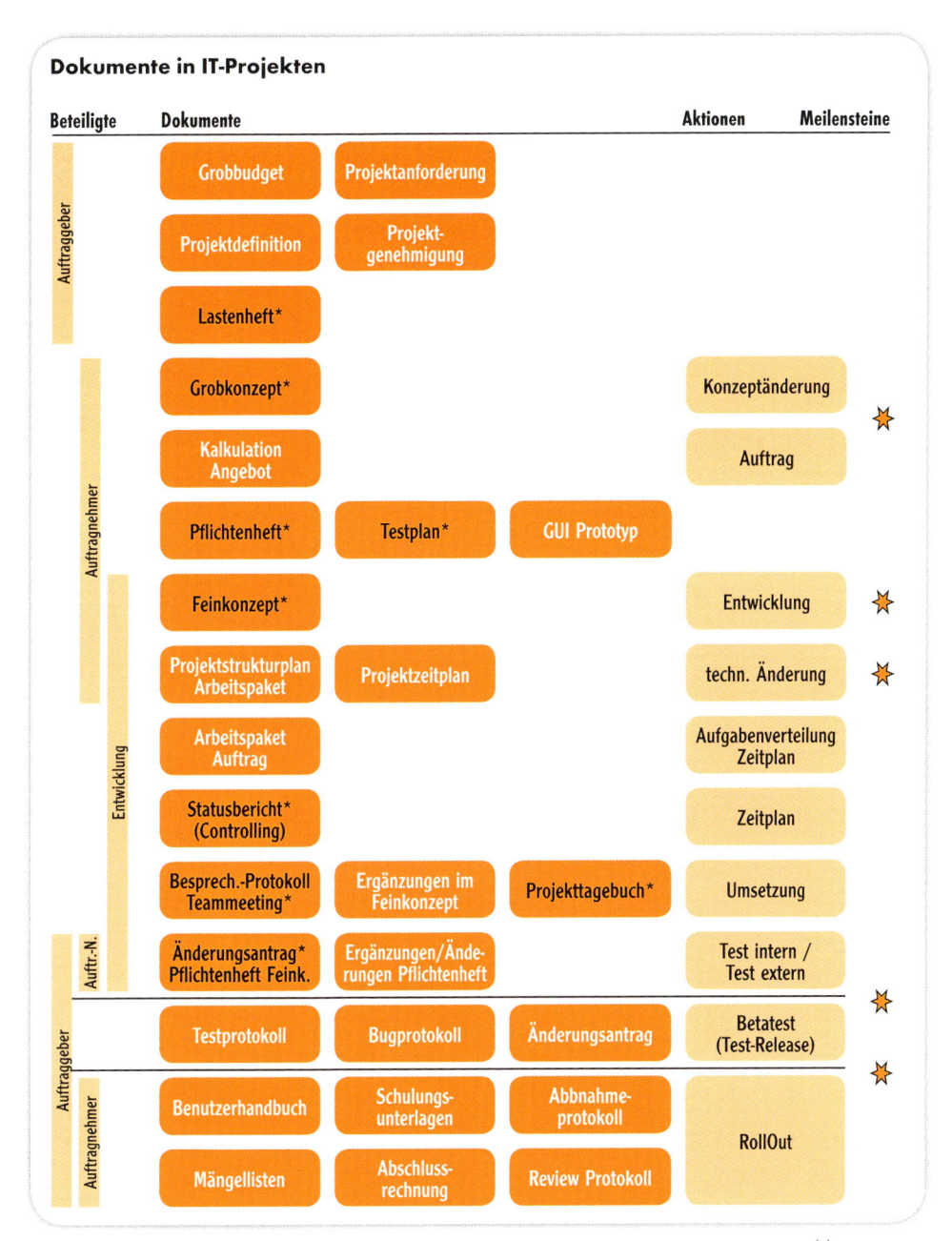

Beteiligte	Dokumente			Aktionen	Meilensteine
Auftraggeber	Grobbudget	Projektanforderung			
	Projektdefinition	Projektgenehmigung			
	Lastenheft*				
Auftragnehmer	Grobkonzept*			Konzeptänderung	★
	Kalkulation Angebot			Auftrag	
	Pflichtenheft*	Testplan*	GUI Prototyp		
	Feinkonzept*			Entwicklung	★
	Projektstrukturplan Arbeitspaket	Projektzeitplan		techn. Änderung	★
	Arbeitspaket Auftrag			Aufgabenverteilung Zeitplan	
Entwicklung	Statusbericht* (Controlling)			Zeitplan	
	Besprech.-Protokoll Teammeeting*	Ergänzungen im Feinkonzept	Projekttagebuch*	Umsetzung	
Auftr.-N.	Änderungsantrag* Pflichtenheft Feink.	Ergänzungen/Änderungen Pflichtenheft		Test intern / Test extern	
Auftraggeber	Testprotokoll	Bugprotokoll	Änderungsantrag	Betatest (Test-Release)	★
Auftragnehmer	Benutzerhandbuch	Schulungsunterlagen	Abbnahmeprotokoll	RollOut	★
	Mängellisten	Abschlussrechnung	Review Protokoll		

Abb. 10: Dokumente in IT-Projekten   * im Folgenden definierte und näher beschriebene Dokumente   ★ = Meilenstein

Dokumente der Projektdokumentation

Die Projektdokumentation umfasst alle Dokumente, welche im Rahmen einer effizienten Projektplanung und -steuerung erstellt werden und somit die Erreichung des Projektzieles unterstützen. Nachfolgend eine Aufzählung der wesentlichsten Dokumente, die der Projektdokumentation zugeordnet werden.

- Projektplan
- Projekttagebuch
- Änderungsantrag
- Statusbericht
- Testplan
- Abnahmeprotokoll
- Arbeitspaketbeschreibung

Dokumente der Produktdokumentation

Die Produktdokumentation umfasst im Gegensatz dazu alle Dokumente, die für Einsatz und Betreuung des Produkts notwendig sind. Nachfolgend die wichtigsten Dokumente, die der Produktdokumentation zugeordnet werden.

- Lastenheft
- Grobspezifikation
- Pflichtenheft
- Feinkonzept
- Benutzerhandbuch
- Schulungsunterlagen
- Prozessdokumentation

Ziel

Dokumente in IT-Projekten sind kein Selbstzweck. Sie unterstützen die erfolgreiche Durchführung und den erfolgreichen Abschluss eines Projektes. Sie sind Teil des zu erstellenden Produktes. Damit Dokumente das Projekt unterstützen, müssen sie mindestens folgende Anforderungen erfüllen:

Projektdokumentation:

- Nachvollziehbarkeit des Projektablaufs
- Festschreibung von Rahmenparametern
- Dokumentation von Änderungen
- Dokumentation des jeweiligen Sachstandes
- Informationsaustausch mit dem Auftraggeber

Produktdokumentation:

- Dokumentation des Produkts
- Einbindung des Produkts in die Unternehmensprozesse
- Regelung zur Reparatur und Wartung des Produktes
- Beschreibung der Bedienung

Ziel der Dokumentation ist es, neben der Sicherstellung der Projektergebnisse (Projektdokumentation), vor allem die sinnvolle Nutzung, nach Projektabschluss die störungsfreie Übernahme in die Linie, sowie einen möglichst wartungsfreien Betrieb zu ermöglichen.

Kriterien

Projekte erfordern immer eine Dokumentation. Variabel ist dabei der Umfang, der sich idealerweise aus einem implementierten Prozessmodell sowie aus den Anforderungen des Auftraggebers ergibt.

Art und Umfang der Dokumentation sollten dabei zum Projekt passen. Zu wenig Dokumentation ist sicherlich gefährlich – zu viele geforderte Dokumente hingegen senken die generelle Dokumentationsbereitschaft im Team und belasten das Projekt mit unnötigem Aufwand und administrativem „Overhead".

Ob ein Projekt überhaupt die Chance hat, ausreichend dokumentiert zu werden, hängt von den Vorgaben ab, die das Team hinsichtlich der Dokumentation erfüllen muss. Folgende Kriterien sind dafür wichtig:

- Der Aufwand für die Dokumentation muss eingeplant sein.
- Die erforderlichen Dokumententypen müssen benannt sein.
- Die Inhalte eines Dokumententyps und seine Struktur müssen definiert sein.
- Die Ablagestruktur für die Dokumente muss definiert sein.
- Alle Teammitglieder müssen freien Zugang zu den Dokumenten haben.
- Klare Zuständigkeiten für die Erstellung der jeweiligen Dokumentation.

Will man eine besondere bzw. individuelle Dokumentation bewerten, gibt es folgende Prüfkriterien:

- Alle erforderlichen Dokumente müssen gemäß dem Projektverlauf existieren und korrekt abgelegt sein.
- Inhalt und Struktur müssen den Vorgaben entsprechen und vollständig sein.
- Urheberschaft und Änderungen müssen nachvollziehbar sein.
- Der Inhalt sollte eindeutig, redundanzfrei und identifizierbar sein.
- Sind Abnahmen und Revisionen gefordert, müssen diese dokumentiert sein.

Die genannten Kriterien stellen keine inhaltlichen Bewertungskriterien der Dokumente dar, da dies lediglich durch die entsprechenden Fachspezialisten erfolgen kann. Jedoch sind die genannten Kriterien nicht nur formaler Natur, sondern sind ein wesentlicher Qualitätsbeitrag für die Art, wie man Projektarbeit betreibt. Darüber hinaus schaffen diese Kriterien und deren Akzeptanz ein gutes Klima im Team.

Anwendungsmöglichkeiten

Jeder Ersteller sollte vom Sinn und Zweck des Dokumentes überzeugt sein, nur so wird er bereit sein, das Dokument auch in allen Phasen des Projektes zu erstellen, zu pflegen und zu lesen. Die positive Einstellung zum Dokument – sowohl beim Ersteller als auch im Projektteam – wird dazu führen, dass Dokumente gelesen und angenommen werden. Ein zu strenges Regelwerk führt indes beim Ersteller häufig zur Ablehnung. Es genügen normalerweise sechs einfache Regeln, um lesbare Dokumente zu erhalten.

6 einfache Regeln für die erfolgreiche Dokumentation:
- Definition
- Regeln
- Erstellung
- Prüfen
- Ablage/Bekanntmachung
- Änderung/Erweiterung

Der erste Schritt : Definition

Im ersten Schritt sind die Dokumente festzulegen, die im jeweiligen Projekt erstellt werden sollen. Dies ist je nach Projekt unterschiedlich. Eine standardisierte Definition für alle Projekte ist selten sinnvoll, da das dazu führt, dass nicht benötigte Dokumente ausgefüllt werden müssen, was dann wiederum dazu führt, dass alle Dokumente abgelehnt werden. Besonders wenn ein Prozessmodell den Umfang der Dokumente vorzugeben scheint, sollte immer überprüft werden, ob ein Dokument für das aktuelle Projekt benötigt wird.

Darüber hinaus ist es gerade bei der Anwendung eines Prozessmodells immer wichtig zu prüfen, ob Dokumente im Projekt benötigt werden, welche nicht durch das Modell gefordert sind.

Der zweite Schritt : Regeln

- **Wozu** wird das Dokument benötigt (kritischer Prüfung der Notwendigkeit)?
- **Wie** sollen die Dokumente heißen und wie sollen diese erstellt werden?
- **Wo** werden die Dokumente abgelegt?
- **Wer** soll ein Dokument erstellen und wer soll darüber informiert werden?

- **Wer** prüft wann welche Dokumente und gibt diese frei?
- **Wer** ist der Empfänger des Dokumentes? Wer nimmt das Ergebnis ab?
- **Wann** sollen die Dokumente erstellt sein?

In größeren Projekten bedarf es weiterer Regeln zur effizienten Steuerung:
- **Versionskontrolle:** Wie werden die verschiedenen Ausgaben behandelt (vgl. Konfigurationsmanagement)?
- **Zugriff:** Wer hat welche Zugriffsberechtigungen auf Dokumente? Müssen einzelne Dokumente mehrfach gehalten werden?
- **Transparenz:** Welche Dokumente sollten alle im Projekt lesen bzw. bearbeiten können? Welche Dokumente können nur eingeschränkt bearbeitet werden?
- **Glossar:** Begriffserklärungen sind hilfreich, da diese Fachbegriffe erläutern und des weiteren zu einem gemeinsamen Verständnis von Begriffen führen.

Der dritte Schritt: Erstellung

Dokumente sind nicht per se erforderlich, sie sind auch keine Formulare. Ihr Inhalt ist jedoch wesentlich für den Erfolg des Projektes. Dies sollte dem Ersteller und allen Beteiligten klar sein. Der Informationsgehalt wird am besten kurz und klar formuliert. Es sollte immer berücksichtigt werden, dass ein Dokument auch von Personen gelesen wird, die nicht das vollumfängliche Fachwissen des Projektes besitzen. Hier sind z. B. ein übersichtliches Inhaltsverzeichnis, Bilder und Zusammenfassungen, die einen Überblick geben, sehr hilfreich. Es ist aber genauso wichtig, Schriftgrößen, Absätze und Vorlagen zu verwenden, um die Lesbarkeit zu verbessern. Dokumente sollten immer aus dem Blickwinkel des Adressaten gelesen werden, den weniger technische Erläuterungen interessieren, sondern vielmehr, was in einem bestimmten Fall zu tun ist.

Der vierte Schritt: Prüfen

Dokumente sollten, wenn möglich, von einer zweiten Person Korrektur gelesen werden, bevor sie veröffentlicht werden. Dabei kommen fehlende Zusammenhänge zutage, die man als Ersteller als bekannt vorausgesetzt oder selbst übersehen hat. Weiterhin sollten alle Verweise und Links auf Funktion und Gültigkeit geprüft werden, um spätere Nachfragen zu vermeiden.

Der Prüfer sollte seine Prüfung nicht nur dokumentieren, sondern auch eine regelgerechte Freigabe des Dokumentes erteilen. Abhängig von Größe und Umfang des Dokumentes kann es auch eine formale Freigabe geben.

Sowohl die Prüfung als auch Freigaben sollten nicht nur durch die reine Lektüre der Dokumente erfolgen, sondern auch auf Basis einer praktischen Prüfung der Anwendbarkeit der Dokumentation, d.h. der Prüfung der Dokumentation direkt am System.

Der fünfte Schritt: Ablage/Bekanntmachung

Dokumente sollten immer in einem finalen Zustand an einem definierten Ort abgelegt werden; dies kann ein Ordner, eine Festplatte oder ein Online-System sein. Ebenso wichtig ist die Information der Personen, die diese Dokumente lesen müssen oder als weitere Arbeitsgrundlage benötigen. Es sollte auch das Team und die Projektleitung informiert werden, wenn Dokumente als freigegeben abgelegt wurden.

Darüber hinaus ist auch der Schutz gegen unberechtigten Zugriff zu berücksichtigen. Hierbei ist aber stets zu beachten: Sperrungen von Informationen sollten grundsätzlich nicht als Instrument zum „Information-hiding" verwendet werden, sondern lediglich, um eine eventuell notwendige Vertraulichkeit zu sichern oder um Daten zu schützen. Generell sollte jedoch jeder Mitarbeiter auch über Sperrungen, mit der Angabe der Gründe, informiert werden, um stets eine offene Kommunikation sicher zu stellen (vgl. hierzu auch Kapitel „Teamführung in IT-Projekten").

Der sechste Schritt: Änderung/Erweiterung

Fast alle Dokumente erreichen ihren finalen Status erst dann, wenn das Projekt abgeschlossen ist. Es ist daher notwendig, Änderungen festzuhalten. Dies kann im eigentlichen Dokument erfolgen oder in einem eigenen ergänzenden oder unterstützenden Dokument. Änderungen sollten so dokumentiert werden, dass der Leser ersehen kann

- **warum** eine Änderung/Erweiterung durchgeführt wurde,
- **wann** diese Änderung ausgeführt wurde,
- **wer** die Änderung durchgeführte hat.

> Der Prozess des managens der Änderungen in Dokumenten ist ein wesentlicher Bestandteil des Konfigurationsmanagements und sollte dort definiert sein. Das Konfigurationsmanagement übernimmt hierbei die Verwaltung der einzelnen Entwicklungsergebnisse in ihren jeweiligen Zuständen. Hierzu gehören das Bestimmen von Konfigurationen, das Überwachen und Steuern von Änderungen sowie die gesamte Verwaltung der einzelnen Konfigurationsobjekte.

Die Ursachen für die Änderungen/Erweiterung eines Dokumentes können vielfach sein:

- Ein erkannter Fehler.
- Ein erkannter Verbesserungsbedarf.
- Ein Änderungsantrag.
- Eine technische Restriktion.

Das Konfigurationsmanagement sollte neben den notwendigen Daten stets auch die Ursache für diese Änderung analysieren.

Motivation

In einem Projekt muss es ein einheitliches Verständnis darüber geben, welche Dokumente für das Projekt vorgesehen sind, wie z.B. Lastenheft und Pflichtenheft. Auch Struktur und Inhalte der Dokumente sind vielfach dokumentiert und beliebig oft nachlesbar, werden aber nicht immer gleich von allen Beteiligten verstanden. Ein gemeinsames Verständnis über Begriffe, Inhalt und Notwendigkeit der jeweiligen Dokumentation birgt im weiteren Projektverlauf erhebliches Einsparpotential hinsichtlich Abstimmung und Erstellungsaufwand. Diese Einsparungen sind nicht nur für Termine und Kosten eines Projektes relevant, sondern erhöhen auch die Zufriedenheit im Projekt. Wie können alle Projektbeteiligten von einer sorgfältig erstellten Projektdokumentation profitieren? Diese Frage sollte in jedem Projekt beantwortet werden, denn oftmals spart sich das Team diese „fruchtlose" Arbeit und geht gleich an die Realisierung.

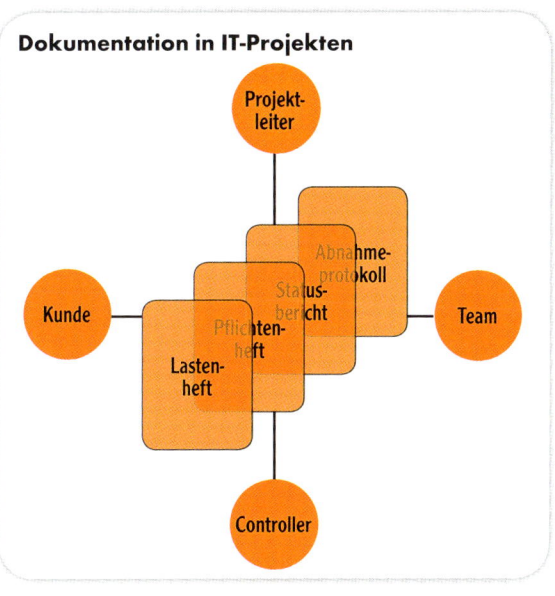

Abb. 11: Dokumentation in IT-Projekten
Alle Projektbeteiligten profitieren von der Dokumentation.

Folgende Punkt sprechen für eine eindeutige Regelung der Dokumentation:

- Vertragssicherheit für Auftraggeber und Auftragnehmer
- Investitionssicherheit für den Auftraggeber
- Planungssicherheit für Auftragnehmer und Auftraggeber
- Steigerung der Effizienz durch eine transparente Informationsbasis
- Orientierung im Projektablauf für das Team
- Nachvollziehbarkeit des Projektes
- Befriedigung von Informationsbedürfnissen

Ganzheitlichkeit

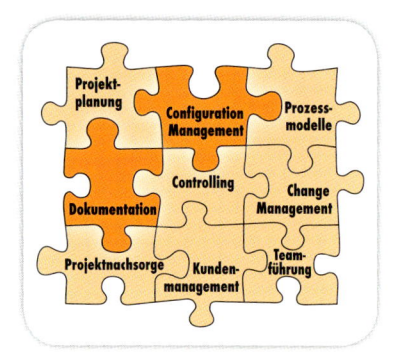

Dokumente bestimmen ganz wesentlich den Projekterfolg und dürfen daher nicht als notwendiges Übel betrachtet werden. Die Dokumentation ist eine Aufgabe, die der Entwicklung oder dem Management des Projektes ebenbürtig ist.

Prozessmodelle

Wird in einem Unternehmen ein bestimmtes Prozessmodell angewandt, so ergeben sich die zu verwendenden Dokumente und Berichtswege oftmals aus der Struktur des verwendeten Modells. Das Prozessmodell muss allerdings immer dem aktuell anstehenden Projekt angepasst werden und somit auch den spezifischen Dokumentationsbedarf berücksichtigen.

Projektplanung

Eine Projektplanung wird umso erfolgreicher sein, desto genauer beim Projektstart die Ziele und Anforderungen bekannt sind. Ein mit dem Auftraggeber abgestimmtes detailliertes Pflichtenheft ist eine der Voraussetzungen dafür. Basis für die Erstellung eines Pflichtenheftes ist das Lastenheft des Auftraggebers, welches auch für die Erstellung eines Angebots benötigt wird. Aus dem Pflichtenheft ergeben sich dann die Funktionen des Produktes, welche im weiteren Projektverlauf zu liefern sind. Diese Funktionen entsprechen im wesentlichen den Arbeitspaketen und dem Projektplan. Die Ergebnisse von Projektmeetings fließen in Teamprotokolle, Meilensteinberichte etc. und die unterschiedlichen Produktdokumentationen ein und wirken gegebenenfalls direkt in die Projektplanung.

Controlling

Die Fertigstellung von Arbeitspaketen führt zu Fortschrittszahlen, die vom Controlling in Projektstatusberichte verdichtet werden. Diese werden von der Projektleitung für steuernde Eingriffe in den Projektverlauf benötigt.
Bei der Erstellung der Dokumentationen handelt es sich auch um Arbeitspakete, deren Ergebnisse ebenfalls in das Controlling einfließen.

Teamführung

In einem Projektteam sind unterschiedliche Rollen zu besetzen und unterschiedliche Tätigkeiten auszuführen. Für alle diese Rollen und Tätigkeiten sind Dokumente eine zentrale Basis der Information. Dokumente geben dem Team eine Orientierung im Projektverlauf. Projektplan und Projektstatusberichte geben darüber Auskunft, was bereits erreicht wurde und welche Aufgaben noch zu bewältigen sind. Damit wird dem Team ermöglicht, sich auf die wesentlichen, weil unmittelbar anstehenden, Aufgaben zu konzentrieren. Zugängliche Protokolle geben dem Team Sicherheit, da mit ihnen eine offene Kommunikationsstruktur geschaffen werden kann.

Neben dem eigentlichen Produkt sind Dokumente das Ergebnis und die Basis einer Arbeitsweise nach den Kriterien des Projektmanagements. Dokumente werden in allen Bereichen und Phasen des Projektes benötigt. Sie halten den Projektablauf fest und bieten Nachvollziehbarkeit.

Dokumente verleihen dem Projekt Sicherheit und Stabilität.

Best Practices

- **Dokumente vor Projektstart definieren**

Dokumente sind für das Projekt die zentrale Informationsbasis und das zentrale Arbeitsinstrument. Die verwendeten Dokumente haben elementaren Einfluss auf den Projektverlauf und die Arbeitsweise im Projekt. Definieren Sie daher die Dokumente immer vor Projektstart.

- **Einen Verantwortlichen für Dokumente benennen**

Benennen Sie einen Verantwortlichen für die Dokumente. Dieser muss die notwendigen Dokumente zwar nicht selber schreiben, jedoch dafür sorgen, dass die Dokumente erstellt, abgestimmt und freigegeben werden. Diese Aufgabe kann mit der notwendigen Rolle des Konfigurationsmanagers oder des Projektleiters kombiniert werden.

- **Dokumente an Anwendungsfällen (Use Cases) ausrichten**

Richten Sie die Projektdokumentation an Anwendungsfällen (Use Cases) aus. Ein Anwendungsfall ist eine Funktionalität des künftigen Systems. Diese Anwendungsfälle sollten sich durch alle Dokumentationen, vom Lastenheft über das Pflichtenheft bis hin zum Testplan, wie ein roter Faden durchziehen.
Diese Methode hat für alle Projektbeteiligten Vorteile:

- Der Auftraggeber findet in allen Dokumenten seine Anwendungsfälle wieder.
- Der Projektleiter kann seine Arbeitspakete und seine Aufwandsschätzungen darauf beziehen.
- Der Entwickler erhält klare Arbeitspakete und realitätsbezogene Testfälle.
- Der Tester hat ein verständliches Sollverhalten und kann Fehler eindeutig zuordnen.
- Die Kriterien für eine Projektabnahme sind für beide Seiten nachvollziehbar festgelegt.

- **Eine neutrale Review-Instanz vorsehen**

In jedem Projekt empfiehlt es sich eine neutrale Review-Instanz für die Dokumentenprüfung vorzusehen. Das verbessert die Qualität der erstellten Dokumente entscheidend. Die Prüfung der Dokumente kann auch durch die Qualitätssicherung geschehen.

- **Eine Dokumentenmatrix erstellen**

Für das Konfigurationsmanagement sollten Sie eine „Dokumentenmatrix" erstellen, welche alle relevanten Dokumente sowie deren inhaltliche Eckdaten erfasst, die für das Management der Dokumentenerstellung und für das spätere Konfigurationsmanagement erforderlich sind. Diese Dokumentenmatrix erleichtert den Umgang mit großen Mengen an Dokumenten und schafft weitere Transparenz im Projektteam, da das Auffinden von Informationen erleichtert wird.

> **Stichwort Dokumentenmatrix:**
> Die Dokumentenmatrix zeigt im zeitlichen Verlauf die im Projekt zu erstellenden Dokumente in Verbindung mit der jeweiligen Projektphase (Meilenstein) oder Aktivität. Ergänzt wird die Dokumentenmatrix um die beteiligten Personen oder Parteien, welche für die Erstellung, Prüfung oder Genehmigung zuständig sind.

Auf den nachfolgenden Seiten werden einige zentrale Dokumente in IT-Projekten im Detail beschrieben.

Das Lastenheft

Definition des Lastenheftes

Das Lastenheft beschreibt ergebnisorientiert die „Gesamtheit der Forderungen an die Lieferungen und Leistungen eines Auftragnehmers" (DIN 69905). Grundsätzlich sollte der Auftraggeber das Lastenheft formulieren.

Ziel des Lastenheftes

Das Lastenheft ist die Basis für die Erstellung des Pflichtenheftes. Im Lastenheft beschreibt der Auftraggeber seine Anforderungen.
Das Lastenheft beschreibt die im Rahmen des Projektes zu realisierenden, nachprüfbaren Lieferungen und Leistungen. Es ist damit auch die Grundlage für die Abnahme des Projektes. Das Pflichtenheft enthält dann die Beschreibung dessen, was der Auftragnehmer leisten kann.

Aufbau des Lastenheftes

Folgende Punkte sollten Bestandteil des Lastenheftes sein.

Ausgangssituation und Zielsetzung
Der Abschnitt Ausgangssituation und Zielsetzung beschreibt die Grundlagen, Hintergründe und Ziele des geplanten Projektes. Für den Auftragnehmer bietet dieser Abschnitt Informationen über die Rahmenbedingungen.

Produkteinsatz
Der Produkteinsatz beschreibt die Umgebung, in der das Produkt zum Einsatz kommen soll. In IT-Projekten ist hier insbesondere die Hard- und Softwarelandschaft zu beschreiben, die Einfluss auf die Realisierung haben.

Produktübersicht
Die Produktübersicht gibt einen Überblick über das zu erstellende Produkt. Insbesondere kann hier ein Überblick über die benötigten Geschäftsprozesse gegeben werden.

Funktionale Anforderungen
Die Funktionalen Anforderungen sind der Kern des Lastenhefts. In diesem Kapitel werden detailliert die benötigten Funktionen des Produktes beschrieben. Diese Liste der geforderten Funktionalität ist unter anderem die Basis für die Abnahme des Projektes.

Nicht funktionale Anforderungen
Neben den funktionalen Anforderungen gibt es, insbesondere in IT-Projekten, eine Reihe von nicht funktionalen Anforderungen, die erfüllt werden müssen. Im Kapitel der nicht funktionalen Anforderungen sollen diese möglichst detailliert beschrieben werden. Nicht funktionale Anforderungen sind:

- Benutzbarkeit
- Zuverlässigkeit
- Effizienz
- Änderbarkeit
- Übertragbarkeit
- Wartbarkeit
- Risikoakzeptanz

Abnahmekriterien
In diesem Kapitel werden die Anforderungen beschrieben, die am Ende des Projektes die Grundlage für die Abnahme des Produkts durch den Auftraggeber sind.
Dieses Kapitel kann auch auf die funktionalen und nicht funktionalen Anforderungen verweisen.

Das Grobkonzept

Definition des Grobkonzeptes

Wenn von einer Grobspezifikation, die sich auf das ganze Projekt bezieht, die Rede ist, so ist deren Erstellung in der Phase zwischen Lastenheft und Pflichtenheft anzusiedeln.

Das Grobkonzept beschreibt auf einer höheren Ebene den Lösungsraum für eine mögliche Umsetzung. Mehrere denkbare Lösungsansätze werden hinsichtlich ihrer wirtschaftlichen und technischen Implikationen untersucht und bewertet. Gemeinsam mit dem Auftraggeber wird die Lösung ausgewählt, die dann im Pflichtenheft genauer spezifiziert wird.

Ziel des Grobkonzeptes

Liegt ein umfassendes Lastenheft vor, so kann gegebenenfalls auf die Erstellung eines Grobkonzeptes verzichtet werden.

Je weniger aussagekräftig ein Lastenheft ist, desto wichtiger ist die Erstellung eines guten Grobkonzeptes geboten. Die Erstellung und Diskussion eines Grobkonzeptes verringert die Gefahr, dass das nach dem Grobkonzept zu erstellende Pflichtenheft Leistungen und Lösungsansätze beschreibt, die vom Auftraggeber abgelehnt werden.

Grobkonzepte im Sinne der Realisierung einzelner Funktionen können in allen Phasen des Produkterstellungsprozesses erstellt werden, da diese dann der inhaltlich sinnvollen Klärung von konkreten Anforderungen dienen, bevor letztere detailliert geplant werden.

Aufbau des Grobkonzeptes

Nachfolgend die wichtigsten Themen, die vom Grobkonzept abgedeckt werden:

- Definition der Anforderungen und der Projektziele
- Beschreibung der Geschäftsprozesse
- Untersuchung der möglichen Lösungen
- Auswahl der umzusetzenden Lösung
- grobes Zielkonzept für die ausgewählte Alternative mit:
    - Geschäftsprozessen
    - Funktionen
    - Datenmodell
    - betroffenen Nachbarsystemen und Schnittstellen
    - benötigter Infrastruktur (Hardware, Netzwerk, Support, Lizenzen etc.)
    - weiteren Ausbaumöglichkeiten

Das Pflichtenheft

Definition des Pflichtenheftes

Das Pflichtenheft beschreibt die „vom Auftragnehmer erarbeiteten Realisierungsvorgaben aufgrund der Umsetzung des vom Auftraggeber vorgegebenen Lastenhefts" (DIN 69905).
Das Pflichtenheft wird grundsätzlich vom Auftragnehmer erstellt. Jedoch hat dieser Anspruch auf eine Bestätigung durch den Auftraggeber. (Mitwirkungspflicht nach §643 BGB).

Ziele des Pflichtenheftes

Das Pflichtenheft ist eines der zentralen Dokumente in IT-Projekten. Es bildet die Grundlage für eine zuverlässige Projektplanung.

Nachfolgend einige weitere Aspekte, wofür das Pflichtenheft als zentrales Projektdokument dient:

Vertragsbasis

Das Pflichtenheft ist die Basis für ein gemeinsames Verständnis des Projektumfangs zwischen Auftraggeber und Auftragnehmer. Mit der Abgabe des Pflichtenheftes wird deutlich, wie der Auftragnehmer die Anforderungen umsetzen wird.
Aus rechtlicher Sicht sollte das Pflichtenheft Bestandteil des Vertrages werden. Geschieht dies nicht, sollte auf jeden Fall eine Bestätigung des Pflichtenheftes durch den Auftraggeber eingefordert werden.
Das Pflichtenheft konkretisiert die Anforderungen des Auftraggebers. Insbesondere schließt es ausdrücklich Funktionalitäten ein oder aus. Das Pflichtenheft stellt die wesentliche Basis für spätere Änderungsanträge dar.

Qualität

Das Pflichtenheft ist im Projektverlauf das erste Dokument, das die zu leistende Arbeit detailliert, unter dem Gesichtspunkt der Realisierung, beschreibt. Es stellt somit die Basis für eine verlässliche Termin- und Kostenplanung dar und ist somit die Grundlage für die Zielerreichung.

Aufgrund seiner Struktur erzwingt das Pflichtenheft, dass ein Projekt frühzeitig und vollständig durchdacht wird.

Das Pflichtenheft erhöht die Sicherheit des Auftragnehmers und des Auftraggebers, da vor Projektbeginn definiert ist, was als Ergebnis des Projektes erwartet wird.

Durch die genaue Definition von Funktionalitäten und Rahmenbedingungen stellt das Pflichtenheft die Basis für die Qualitäts- und Abnahmetests dar.

Teamwork

Ein detailliertes Pflichtenheft ermöglicht es, ein Projekt sauber zu modularisieren und Arbeitspakete an das Team zu verteilen.

Die Anforderungen der einzelnen Module und das dadurch erforderliche Spezialwissen werden klar ersichtlich. Diese Vorteile der Modularisierung sind im Kapitel IT-Prozessmodelle beim Model RUP beschrieben.

Die Teammitglieder erhalten einen klaren, vollständigen Rahmen für ihre Aufgaben und können dadurch ihre Arbeit besser koordinieren und durchführen.

Grundsätzlich wird durch ein detailliertes Pflichtenheft die Gefahr reduziert Funktionen zu realisieren, die nicht Vertragsbestandteil sind. Irrwege in der Realisierung werden dadurch vermieden.

Durch den Gesamtüberblick über das Projekt wird Transparenz geschaffen. Die Teammitglieder profitieren von dieser Transparenz, da diese eine Voraussetzung für eine Planungssicherheit ist, die es ihnen ermöglicht, ihre Aufgaben souverän und eigenverantwortlich ausführen.

Entstehung des Pflichtenheftes

Auch wenn das Pflichtenheft auf den Anforderungen aus dem Lastenheft aufbaut, so geht dessen Erstellung oftmals noch eine umfassende Analysephase voran. Der Aufwand für die Analysephase ist umso größer, desto gröber und allgemeiner das Lastenheft bzw. Grobkonzept formuliert ist. Bei einem ungenügenden Lastenheft bietet es sich an, die Analysephase aus dem Leistungsumfang auszulagern und über einen eigenen Dienstleistungsauftrag abzuwickeln. Dadurch werden für beide Seiten der zu erbringende Aufwand und somit auch die Kosten transparent. Ansonsten könnte diese Phase unverhältnismäßig groß oder klein ausgelegt werden, was dem Projekterfolg und der Kundenzufriedenheit abträglich wäre.

Unabhängig davon, ob ein eigenes Budget für die Erstellung des Pflichtenheftes bereitsteht, muss das Ziel immer sein, ein möglichst detailliertes Pflichtenheft zu erstellen. Der Aufwand für die Analysephase und die Erstellung des Pflichtenhefts kann mit ca. 20 – 40 % des gesamten Projektaufwandes veranschlagt werden. Die Zeit, die in die Erstellung des Pflichtenhefts investiert wurde, wird später in der Realisierungsphase gespart, da umfangreiche Änderungen aufgrund von Missverständnissen und Fehlinterpretationen der Anforderungen vermieden werden.

Aufbau des Pflichtenheftes

Das Pflichtenheft enthält grundsätzlich eine Konkretisierung der im Lastenheft genannten Anforderungen. Nachfolgende Themen sollten vom Pflichtenheft behandelt werden. Der Detaillierungsgrad ist dabei wieder von der Größe des Projektes abhängig.

Zielbestimmung

Im Kapitel Zielbestimmung werden Muss-, Soll-, Wunsch-, Kann- und Abgrenzungskriterien beschrieben.

Musskriterien beschreiben Leistungen, die in jedem Fall erfüllt werden müssen.
Sollkriterien beschreiben Leistungen, deren Erfüllung angestrebt wird.
Wunschkriterien beschreiben Leistungen, die erfüllt werden, wenn noch Budget verfügbar ist.

Kannkritierien beschreiben Leistungen, deren Erfüllung nicht gefordert wird, die aber eventuell ohnehin im Rahmen der Umsetzung erfüllt werden und nicht explizit budgetiert wurden.

Die **Abgrenzungskritieren** beschreiben Leistungen, deren Erfüllung explizit nicht Bestandteil des Projektes ist. Dieser Punkt ist besonders sorgfältig zu bearbeiten, da sich hier die Abgrenzung zwischen eventuellen Maximalforderungen aus dem Lastenheft und der tatsächlichen Realisierung erfolgt.

Produkteinsatz

Im Kapitel Produkteinsatz werden Anwendungsbereiche, Zielgruppen und Betriebsbedingungen beschrieben.

Unter Anwendungsbereichen versteht man die grundsätzlichen Funktionen, die mit dem Produkt abgedeckt werden sollen.

Unter Zielgruppen sind die zukünftigen Anwender zu definieren.

Unter den Betriebsbedingungen ist die physikalische Umgebung zu beschreiben, in der das Produkt eingesetzt werden soll. Betriebszeiten und Überwachungsmodalitäten sind neben der räumlichen Umgebung Begriffe, die abgedeckt werden sollten.

Produktübersicht

Im Kapitel Produktübersicht wird ein kurzer Überblick über das Produkt gegeben. Dies kann durchaus in einer Grafik erfolgen, die Zielgruppen, Funktionen und Ausgaben in Einklang bringt.

Produktfunktionen

Der Kern eines jeden Pflichtenhefts ist die genaue und detaillierte Beschreibung der einzelnen Produktfunktionen. Dieses Kapitel – gerne Use Case orientiert – beschreibt im Detail, welche Funktionen dem Anwender bereitgestellt werden.

Produktdaten

Im Kapitel Produktdaten wird beschrieben, welche Daten langfristig zu speichern sind. Hier ist dann auch anzugeben, welche Daten zu Änderungshistorien von einzelnen Objekten abgelegt werden. Als Beispiel kann ein Artikeljournal oder die Änderungshistorie einer Bestellung genannt werden.

Produktleistungen
Produktleistungen sind die Anforderungen bezüglich Zeit, Genauigkeit und Qualität. Unter Qualität versteht man nach der Norm EN:ISO 9000:2005 den „Grad, in dem ein Satz inhärenter Merkmale Anforderungen erfüllt". „Inhärent" bedeutet „ständig innewohnend". In diesem Kapitel sind z. B. Anforderungen bezüglich der Antwortzeiten eines Produkts zu erfassen.

Benutzungsoberfläche
Im Kapitel Benutzoberfläche wird der grundsätzliche Aufbau der Benutzeroberfläche beschrieben. Beispiele für den Aufbau und das Design von Bildschirmmasken sind hier verzeichnet. Auch die Zugriffssteuerung und Zugriffsrechte können in diesem Kapitel beschrieben werden.

Nichtfunktionale Anforderungen
Unter nicht funktionalen Anforderungen sind sonstige Anforderungen an das Produkt zu verstehen. Hierunter fallen z. b. einzuhaltende Gesetze, Normen und Sicherheitsanforderungen (siehe dazu die Angaben im Lastenheft zu den nicht funktionalen Bedingungen).

Technische Produktumgebung
Unter dem Kapitel technische Produktumgebung wird definiert, in welcher IT-Umgebung das Produkt zum Einsatz kommen soll. Dieser Punkt ist auch aus Abgrenzungsgesichtspunkten nicht zu vernachlässigen, da eine nachträgliche Änderung der Produktumgebung – andere Plattform – durch den Auftraggeber zu Änderungen in der Realisierung führen kann. In diesem Kapitel ist die Umgebung bzgl. Software, Hardware, Orgware und der Schnittstellen des Produkts zu beschreiben.

Spezielle Anforderungen an die Entwicklungsumgebung
Im Kapitel spezielle Anforderungen an die Entwicklungsumgebung wird beschrieben, welche speziellen Anforderungen bezüglich Software, Hardware, Orgware und eventueller Schnittstellen bestehen. Hier ist sind insbesondere Leistungen und Produkte zu erfassen, die der Auftraggeber dem Auftragnehmer zur Verfügung stellen muss.

Gliederung in Teilprodukte
In diesem Kapitel kann eine Aufspaltung des Produkts in Teilprodukte vorgenommen werden. Teilprodukte haben den Vorteil, dass Test, Auslieferung, Schulung und Abnahme schrittweise für die einzelnen Teilprodukte vorgenommen werden können.

Ergänzungen
Angabe weiterer ergänzender Informationen, zum Beispiel notwendiger detaillierter Datenblätter, etc., welche für das Gesamtverständnis nötig sind. Aber auch hier sollte darauf geachtet werden, dass nicht jedes Detail angehängt wird, sondern dass das Dokument insbesondere bei den Ergänzungen auf das notwendige und wesentliche Maß begrenzt wird.

Glossar
Erstellung eines Glossars, in welchem sämtliche Begriffe, in alphabetischer Reihenfolge, für den Laien erläutert werden sowie sämtliche Abkürzungen ausführlich genannt sind. Das Glossar dient neben diesen Erläuterungen auch dem einheitlichen Verständnis bezüglich der im Pflichtenheft und auch im späteren Projektverlauf verwendeten Fachtermini.

Der Testplan

Definition des Testplanes

Ein weiteres, fast unerlässliches Dokument ist der Testplan. Der Testplan beschreibt die unterschiedlichen während des Projektes durchzuführenden Tests. Der Testplan sollte zwischen Testprozeduren (wie wird ein Test durchgeführt) und Testszenarien (Beschreibung der Testfälle) unterscheiden.

Der Testplan ist aufgrund des iterativen Vorgehens ein Dokument, welches entweder für jeden Test einzeln erstellt wird oder rollierend zum Projektverlauf fortgeschrieben wird. Im letzteren Fall ist der Testplan stets durch das Konfigurationsmanagement zu begleiten.

Änderungen an Dokumenten oder Systemen infolge der Tests sind ebenfalls stets in enger Abstimmung mit dem Konfigurationsmanagement an allen relevanten Stellen zu berücksichtigen.

Ziel des Testplanes

Das Ziel der Tests ist es, ein System möglichst vollständig auf dessen künftige Anwendbarkeit zu prüfen. Der Testplan dient dabei als Instrument, um die entsprechenden Tests effizient und zielgerichtet durchzuführen. Hierbei darf jedoch nicht der Grundsatz gelten, möglichst wenige Fehler zu finden um die Qualität nachzuweisen – denn dann wird der Testplan entsprechend realitätsfremd aufgebaut –, sondern um vielmehr möglichst frühzeitig möglichst viele Fehler zu identifizieren, welche dann in den weiteren Iterationsschritten beseitig werden können. Der Grundsatz der Verhältnismäßigkeit darf dabei jedoch nicht vergessen werden, was konkret bedeutet, dass nur tatsächliche Situationen getestet werden sollen. Worst-Case-Betrachtungen sind durchaus zulässig, aber eben nur in einem sinnvollen Umfang.

Die Wahl des geeigneten Testverfahrens und der richtige Aufbau der Teststufen sind entscheidend für die Umsetzung des Tests und deren Ergebnisse.

Aufbau des Testplanes

Bei dem Aufbau eines Testplanes kann man sich an den Anforderungen des V-Modell XT orientieren (siehe Seite 34). Dieses beschreibt nachfolgende Bestandteile eines Softwaretest.

Komponententest (unit test)

Bei dem Komponententest handelt es sich um einen Test auf unterster Ebene. Die einzelnen Funktionen werden getestet. Die entwickelten Funktionen werden im Hinblick auf Funktionalität, Robustheit, Effizienz und Wartbarkeit getestet. Dieser Test wird meist vom Softwareentwickler selbst ausgeführt, sollte aber natürlich auch im Projektplan beschrieben werden.

Integrationstest (integration test)

Beim Integrationstest wird die Zusammenarbeit von verschiedenen Funktionen betrachtet. Insbesondere ist hier die Zusammenarbeit von Schnittstellen zu testen. Der Integrationstest wird im allgemeinen auch vom Softwareentwickler selbst durchgeführt.
Bei diesem Test ist die Abgrenzung zwischen den Modulen zu klären. In der Regel testet der jeweilige Softwareentwickler bis zu seiner Lieferschnittstelle oder ab seiner Empfangsschnittstelle. Sinnvoller ist es jedoch vielfach, dass die jeweiligen Entwickler zweier Module gemeinsam testen.

Systemtest (system test)

Überprüft werden bei diesem Test sowohl die funktionalen wie auch die nicht funktionalen Anforderung (wie im Pflichtenheft beschrieben). Es bietet sich an, die Überprüfung der funktionalen Anforderungen Use Case bezogen durchzuführen. Voraussetzung hierfür ist natürlich, dass das Pflichtenheft die zu realisierende Funktionalität auch in Use Cases beschreibt. Der Systemtest ist der letzte der internen Tests, bevor der Auftraggeber die Gebrauchstauglichkeit (usability) des Produkts überprüft. Beim Systemtest handelt es sich um einen Test des gesamten Systems. Bei diesem Tests wird das gesamte System daraufhin untersucht, ob die Anforderungen des Auftraggebers erfüllt sind. Dieser Test sollte nicht vom Softwareentwickler selbst durchgeführt werden.

Abnahmetest (user acceptance test)

Der Abnahmetest ist meist die Vorraussetzung für die Rechnungsstellung. Der englische Ausdruck – user acceptance test – impliziert jedoch noch mehr. User acceptance bedeutet, dass der Anwender die gelieferte Software abnimmt. Insbesondere sollen die Key-User vor der Einführung einer neuen Software erklären, dass die gelieferte Funktionalität den Anforderungen genügt. Für den Projektleiter ist ein erfolgreicher und vor allem schriftlich dokumentierter Abnahmetest ein wichtiger Schritt hin zu einem erfolgreichen Projektabschluss.

Teststrategien

Bei dem System- und Abnahmetest können zwei unterschiedliche Strategien angewandt werden. Idealerweise kommen beide zum Einsatz.

Exakte Vorgaben bei Abnahmetest

Im Testplan wird genau spezifiziert, welche Funktionalität mit welchen Daten zu testen ist. Dieser Test sollte bei entsprechenden Voraussetzungen auf den Use Cases basierend erfolgen. Die Vorteile diese Strategie sind:

- Der komplette geforderte Funktionsumfang wird getestet.
- Die Voraussetzungen für die Abnahme des Produkts sind klar definiert.
- Tests können teilweise auch automatisiert werden.

Freie Tests mit Zeitlimit

Bei freien Tests mit Zeitlimit wird beliebig und ohne Vorgabe in dem System getestet. Werden solche Tests im Testplan als Vorstufe einer Abnahme vorgesehen, so ist natürlich ein Zeitlimit einzubauen.

Der Vorteil eines freien Tests ist, dass leicht Fehler aufgedeckt werden, die bei dem Komponententest nicht aufgefallen sind. Hier kommt ein psychologischer Faktor bei der Erledigung von Aufgaben zum Tragen. Normalerweise versucht ein Mitarbeiter eine übertragene Arbeit immer so gut wie möglich zu erledigen. Was gut ist, ergibt sich aus der übertragenen Aufgabe. Das Ergebnis der Aufgabe wird dann auch vor Abgabe überprüft. Seitenaspekte, die nicht im Arbeitspaket beschrieben wurden, werden auch intern meistens nicht getestet. Der freie Test zeigt mögliche Fehler, die vorher bei einem strukturierten Test nicht aufgefallen sind.

> **Stichwort Testbezeichnungen:**
> Die genannten Testbezeichnungen stellen eine weit verbreitete Definition dar. Jedoch ist die Begriffswelt für verschiedene Tests sehr weit gefächert (z. B: Modultest, Regressionstest; integrierter Komponententest, etc.)
> Die eindeutige und für alle unmissverständliche Definition und Bezeichnung der Tests ist daher ein wesentliches Erfolgskriterium.

Das Feinkonzept

Feinkonzepte werden in diesem Kapitel über Dokumentation nicht näher behandelt. Grundsätzlich gilt: Feinkonzepte können in allen Phase der Produktrealisierung erstellt werden. Im Sinne des Projektmanagements ist das Pflichtenheft das Feinkonzept, in dem detailliert die Art und Weise beschrieben wird, wie die Anforderungen aus dem Lastenheft umgesetzt werden.

Feinkonzepte beschreiben ansonsten vielfach technische Details bzw. deren Lösungsansatz. Im Prinzip gelten daher die gleichen Regeln wie für die Erstellung eines Pflichtenheftes.

Besprechungsprotokolle – Team-Meeting

Definition der Besprechungsprotokolle

Neben den definierten Dokumenten im Projekt gibt es eine Vielzahl von Protokollen. Nachfolgende Erläuterungen stehen exemplarisch für alle Protokolle.
Ein Protokoll ist die formelle Zusammenfassung von Gesprächen oder Ereignissen im Rahmen einer Besprechung. Man unterscheidet daher in Verlaufs- oder Ergebnisprotokolle.
Die Entscheidung über die Art des Protokolls sollte möglichst frühzeitig im Projekt getroffen werden. Für regelmäßige Besprechungen hat sich in der Regel das Ergebnisprotokoll als geeignet erwiesen.

Protokolle sollten eine feste äußere Form haben (Formatvorlage), um die Erstellung der Protokolle zu vereinfachen und um eine strukturierte Vorgehensweise zu fördern. Dabei sind ggf. die Dokumentationsrichtlinien des Unternehmens zu beachten. Eine ansprechende äußerer Form sowie eine sinnvolle Struktur erhöhen wesentlich die Bereitschaft der Mitarbeiter, Protokolle zu lesen und auch zu erstellen.

Alternativ können in Besprechungen direkt sogenannte Online-Protokolle erstellt werden. Hierbei wird parallel zur Besprechung ein Protokoll geschrieben und abgestimmt. Online-Protokolle ersparen den anschließenden Abstimmungs- bzw. Freigabeprozess des Protokolls. Es ist jedoch zu klären, wie die Erstellung des Online-Protokolls während der Besprechung organisiert werden soll. Das heißt, es ist Konsens darüber herzustellen, dass Online-Protokolle nach Beendigung der Sitzung als abgestimmt gelten. Sinnvoll ist hierfür beispielsweise eine kurze Runde zur Abstimmung des Protokolls am Ende der Besprechung.

Ziel der Besprechungsprotokolle

Ziel der strukturierten Besprechungsprotokolle ist es,

- den Status des Projektes für alle Anwesenden zu dokumentieren.
- den Status des Besprechungsgegenstandes zu dokumentieren.
- getroffene oder ausstehende Entscheidungen zu dokumentieren bzw. zu adressieren.
- offene Punkte zu identifizieren und zu adressieren.

Weitere Punkte wie Fortschrittserfassung, Änderungsanträge, etc., können ebenfalls in einer Besprechung diskutiert und protokolliert werden.

Sämtliche Aktionen, seien es Entscheidungen oder offene Aufgaben, sind sowohl mit einem Verantwortlichen als auch mit einem Termin zu versehen. Es gilt die Regel, dass Aktionen nur an Personen adressiert werden dürfen, die auch in der Besprechung anwesend waren.

Zu klären ist, wie die Abarbeitung der offenen Punkte aus einem Besprechungsprotokoll sichergestellt werden kann. Das Fortschreiben des Protokolls führt unter Umständen zu einem sehr umfangreichen Protokoll. Das Übertragen in eine Offene-Punkte-Liste birgt das Risiko des „Vergessens". Hier ist mit allen Beteiligten einvernehmlich eine Regelung zu finden.

Aufbau der Besprechungsprotokolle

Das Besprechungsprotokoll sollte einen standardisierten Aufbau haben. Als Orientierung soll nachfolgende Struktur dienen:

Protokollkopf

- Art der Besprechung (Jour fixe, Statusmeeting, Eskalationsgremium, etc.)
- Termin der Besprechung, Zeitraum, den die Besprechung umfasst.
- Teilnehmer, Protokollführer, Verteiler
- Liste der Tagesordnungspunkte (Agenda)

Protokollhauptteil

- Status je (Teil-)Projekt/Arbeitspaket
- Angabe offener Punkte mit Verantwortlichen und Termin
- Angabe getroffener Entscheidungen mit dem Verantwortlichen und dem Termin
- Ausblick über die anstehenden Schritte/nächste Maßnahmen
- Sonstige relevante Informationen

Protokollschlussteil

- Ort
- Datum
- Gegebenenfalls Unterschrift bzw. elektronische Freigabe
- Anlagen zum Protokoll (Präsentationen, etc.)

Das Projekttagebuch

Definition des Projekttagebuches

Das Projekttagebuch dient der lückenlosen, chronologischen Dokumentation aller für das Projekt relevanten Vorkommnisse. Es dokumentiert somit den tatsächlichen Verlauf des Projektes.

Ziel des Projekttagebuches

Während des Projektes dient das Projekttagebuch auch der Absicherung gegenüber dem Auftraggeber. Vereinbarungen und Entwicklungen werden dokumentiert, festgeschrieben und können jeder Zeit wieder rekapituliert werden. Genauso wichtig wie die Dokumentation von Entscheidungen ist auch die Dokumentation von unterbliebenen oder ausstehenden und somit eventuell zeit-, budget- oder qualitätskritischen Bedürfnissen.

Anhand des Projekttagebuches kann das Projekt nachvollzogen werden. Es wird deutlich, ob und wann das Projekt seinen geplanten Weg verlassen hat, wann die Projektleitung hätte eingreifen müssen und wann welche Eingriffe erfolgt sind. Auf Basis des Projekttagebuches können die Erfahrungen aus dem Projekt in weitere Projekte eingearbeitet werden.

Aufbau des Projekttagebuches

Auch beim Projekttagebuch gilt wieder der Grundsatz einer jeden Dokumentation: So kurz wie möglich, so umfangreich wie nötig. Das Projekttagebuch sollte nicht in einen schwer lesbaren Roman ausarten, aber nachfolgende Informationen auf jeden Fall enthalten:

- Datum
- Wer hat den Eintrag geschrieben?
- Wer war involviert?
- Welches Thema wurde besprochen?
- Die Beschreibung: z. B. Was wurde vereinbart? Wo existiert ein Problem?
- Weitere relevante Punkte für die Projektnachweisführung.

Der Änderungsantrag

Definition des Änderungsantrages

Der Änderungsantrag ist ein zentrales Dokument für das Managen von Änderungen im Projekt (Change Management). Der Änderungsantrag dient zur formalisierten Beschreibung eines Änderungswunsches im Projekt.

Die Ursachen einer Änderung können hierbei vielfältig sein und sowohl fachliche als auch terminliche oder ressourcenbedingte (Budget-) Konsequenzen betreffen. Häufigste Ursache für Änderungsanträge sind fachliche Änderungen, verbunden mit daraus resultierenden Termin- und/oder Kostenänderungen.

Mit einem Änderungsantrag wird der Change Management-Prozess initiiert. Die Umsetzung der Änderung bedingt vielfache Anpassungen und somit gegebenenfalls ein neues Release im Rahmen der Produktentwicklung. Sämtliche Änderungen werden im Konfigurationsmanagement-Prozess betreut.

Ziel des Änderungsantrages

Der Änderungsantrag ist Bestandteil des Änderungswesens. Das Änderungswesen beschreibt, wie der Prozess von Änderungen gestaltet und gesteuert wird. Wichtig ist, dass der Prozess von Änderungen mit deren Genehmigungsprozeduren beschrieben ist. Diese Prozessbeschreibung sollte möglichst zu Projektbeginn erfolgen, um frühzeitig eine Prozesssicherheit zu erhalten.

Aufbau des Änderungsantrages

Abhängig von der Definition des Änderungsprozesses sollte ein Änderungsantrag folgende Informationen zur Beschreibung der Änderung enthalten:

- Antragsnummer: eindeutige Nummer zur Identifikation.
- Antragsdatum: Datum, an dem der Antrag gestellt wurde.
- Antragsteller: Person, die den Änderungswunsch äußert.
- Grund: Ursache für das Einbringen des Änderungsantrages.
- Änderungsbeschreibung: Detaillierte Beschreibung des Änderungswunsches.
- Zu ändernde Objekte: Welche Objekte (Programme, Dokumente) sollen geändert werden?
- Betroffene Konfiguration: Version/Release der zu ändernden Objekte.
- Änderungstyp: z. B. „Fehlerbehebung", „Änderung", „Erweiterung".
- Priorität: „Hoch", „Mittel", „Niedrig".
- Konsequenzen bei der Umsetzung des Änderungsantrages bezüglich der Termine, der Kosten und der Qualität.

Änderungsanträge sollten grundsätzlich von jedem am Projekt Beteiligten gestellt werden können. Demnach ist das Änderungswesen ein Äquivalent zum vielfach vorhandenen, betriebsinternen Vorschlagwesen, das Mitarbeiter motivieren soll, ihre fachliche Expertise einzubringen.

Änderungsanträge müssen anschließend bewertet und entschieden werden. Diese Bewertung und Entscheidung muss auch verlässlich dokumentiert werden. Informationen zur Entscheidung sind:

- Bewerter: Wer hat den Antrag bewertet?
- Bewertungsdatum: Wann wurde die Änderung bewertet?
- Bewertungsergebnis: Wie wurde die Änderung bewertet?
- Geschätzter Aufwand: Aufwand in MT, inklusive Konzept, Test und Dokumentation für die Umsetzung des Änderungsantrages.
- Ergebnis der Entscheidung, inkl. möglicher Änderungen/Abweichungen.
- Begründung der Entscheidung.
- Entscheider: Wer hat die Entscheidung getroffen?

Der Bewerter einer Änderung sollte nicht identisch mit dem Antragsteller sein. Er kann aber durchaus identisch mit der Person sein, die die Änderung genehmigt. Der Prozess der Genehmigung einer Änderung kann, abhängig von der Größe eines Projektes, sehr einfach gehalten werden. Wichtig ist, dass der Prozess im Vorfeld (z.B. im Prozessmodell) beschrieben wurde.

Für die Bewertung bzw. Entscheidung hat sich vielfach ein „Change Control Board" bewährt, welches aus Vertretern aller Stakeholdergruppen des Projektes besteht. Somit ist sicher gestellt, dass über die Entscheidung ein Konsens herrscht, aber auch, dass die Konsequenzen der Entscheidung von allen Beteiligten mitgetragen werden.

Der Statusbericht

Definition des Statusberichtes

Der Projektstatusbericht ist eines der zentralen Dokumente für die Information von Auftraggebern, Beteiligten und Sponsoren des Projektes.
Er stellt eine zeitraumbezogene Übersicht aller relevanten Aktivitäten und Informationen des Projektes dar, verbunden mit einer qualitativen Einschätzung des Projektleiters. Er ist die Grundlage für anstehende Entscheidungen oder korrigierende Maßnahmen.

Ziel des Statusberichtes

Auf die Bedeutung des Statusberichtes als Instrument des Controllings wird im Kapitel Controlling in IT-Projekten näher eingegangen. An dieser Stelle folgt daher nur ein Vorschlag, wie der Statusbericht aufgebaut werden kann. Entscheidend bei der Erstellung eines Statusberichts ist, wie bei der Erstellung eines jeden Dokuments, dass es immer mit Blick auf den Adressaten erstellt wird. Die gelieferten Informationen sind also nach dem Informationsbedarf des Empfängers zu gewichten und entsprechend aufzubereiten.

Abb. 12:
Statusbericht
Das Ampelsymbol gibt Aufschluss über den Projektverlauf.

Aufbau des Statusberichts

Kopfinformationen

- **Projekt:** Name des Projektes.
- **Autor:** Wer ist für die Erstellung des Statusberichts verantwortlich?
- **Dateiablage:** Wo finde ich den Bericht?
- **Rahmendaten:** Eckdaten zum Gesamtlaufzeit und Gesamtbudget als Orientierungshilfe.

Inhaltlicher Teil

- **Berichtszeitraum:** Datumsangabe und Angabe des Berichtszeitraums.
- **Status:** Allgemeiner Status des Projektes, z. B. Grün, Gelb, Rot.
- **Erklärung zum Status:** Wenn ein kritischer Status ausgewiesen wird, sollte dieser auch erklärt werden.
- **Phase:** Auf welche Phase des Projektes bezieht sich der Bericht?
- **Fertigstellungsgrad:** Welche Aktivitäten der Phase sind wie weit fertig?
- **Wertung:** Erläuterungen zur reinen faktischen Messung des Fertigstellungsgrades. Dies dient der Gewichtung der reinen Zahlen, um den entsprechenden Status ausreichend bewerten zu können.
- **Aufwand:** Welcher Aufwand ist bisher angefallen? Wie verhält sich dieser Aufwand zum Fertigstellungsgrad? Welcher Restaufwand wird noch anfallen? Wie verhält sich der prognostizierte Gesamtaufwand zum kalkulierten Budget?
- **Besondere Ereignisse:** Gab es im Berichtszeitraum besondere Ereignisse?
- **Risiken:** Welche Risiken gibt es aktuell in dem Projekt? Sind neue Risiken aufgetreten?
- **Entscheidungsbedarf:** Welche Entscheidungen müssen von wem bis wann getroffen werden, damit das Projekt wie geplant fortgeführt werden kann? Was passiert, wenn diese Entscheidungen nicht getroffen werden?
- **Änderungsanträge:** Welche Änderungsanträge sind noch ausstehend oder noch nicht abgearbeitet?

Weiterführendes

http://de.wikipedia.org/wiki/Projektdokumentation [Stand: 15.05.2009]
http://www.projektmagazin.de/glossar/gl-0068.html [Stand: 15.05.2009]
http://www.projekt-infos.de/projekt-4.html [Stand: 15.05.2009]

Reiss Manuela und Georg: Praxisbuch-IT-Dokumentation; Addison Wesley, 2008

Grünwied Gertrud: Software-Dokumentation: Grundlagen – Praxis – Lösungen; Expert-Verlag; 2006

Schwesinger, Borries: Formulare gestalten; Das Handbuch für alle, die das Leben einfacher machen wollen, Verlag Hermann Schmidt, 2007

Controlling von IT-Projekten

Beschreibung

Neben dem in jeder Organisation vorhandenem Controlling sollte es auch ein Controlling einzelner Projekte geben. Nach DIN 69901 wird das Projektcontrolling als Regelkreis beschrieben.

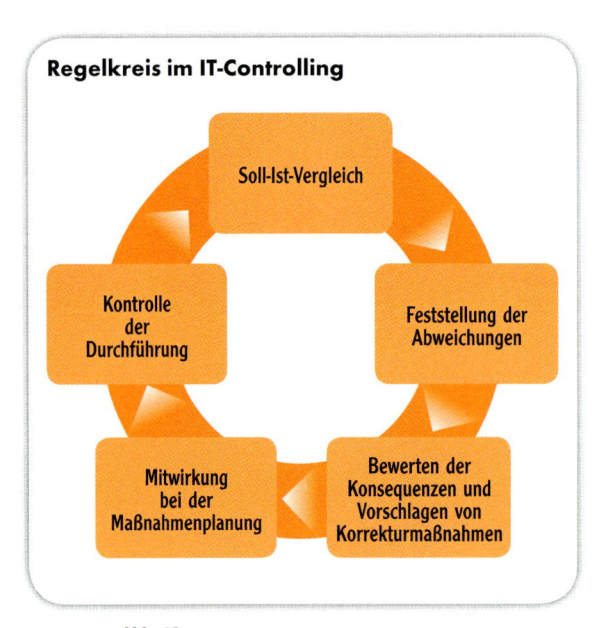

Regelkreis im IT-Controlling

- Soll-Ist-Vergleich
- Feststellung der Abweichungen
- Bewerten der Konsequenzen und Vorschlagen von Korrekturmaßnahmen
- Kontrolle der Durchführung

Das Erreichen der Projektziele soll gesichert werden durch:

- Soll-Ist-Vergleich
- Feststellung der Abweichungen,
- Bewerten der Konsequenzen und Vorschlagen von Korrekturmaßnahmen,
- Mitwirkung bei der Maßnahmenplanung und
- Kontrolle der Durchführung.

Abb. 13: Regelkreis im IT-Controlling

Demnach umfasst das Projektcontrolling nicht nur die Planung und die Kontrolle der Kosten, sondern alle Projektmanagementaufgaben. Das Projektcontrolling ist daher als Servicefunktion zu verstehen, weniger als Kontrollfunktion. Ein wesentlicher Faktor ist auch die Ermittlung einer Vorausschau und einer daraus abgeleiteten Prognose (Forecast), die es dem Projektleiter erlaubt, auf Basis des bisherigen Projektverlaufs seine Zielerreichung und eventuell vorhandene Abweichungen zu erkennen und gegebenenfalls notwendigen Handlungsbedarf zu identifizieren.

Controlling-Voraussetzungen

Da Controlling im Vergleichen von Soll- mit Ist-Werten besteht, kann jedes Controlling nur so gut wie die vorher erhobenen Sollwerte sein, welche in der vorausgegangenen Projektplanung ermittelt und gegebenenfalls in einem Basisplan gesichert wurden. Die Grundvoraussetzungen für das Controlling auf Projektebene sind:

- Projektplan mit Start- und Endterminen
- Projektbudget, basierend auf dem Projektplan
- Pflichtenheft, das die geforderten Leistungen in geforderter Qualität beschreibt
- Aufwandsplanung auf Basis des Projektplanes, welche entweder als Aufwand geplant oder durch Umwandlung in Kosten in das Projektbudget integriert ist

Parameter des Controllings

Controlling besteht in der Erhebung der Ist-Zahlen und dem Vergleich mit den Sollwerten. Typische gemessene Werte sind:

- Fortschritt: absoluter Projektfortschritt anhand der Arbeitspaketabarbeitung
- Zeit: verstrichene Zeit im Verhältnis zum Projektfortschritt
- Kosten: angefallene Kosten im Vergleich zum Projektfortschritt
- Qualität: qualitative Bewertung der bisher erbrachten Arbeit/Abdeckungsgrad im Vergleich zum Pflichtenheft

Die Erfassung der Ist-Werte muss so häufig stattfinden, dass zu jeder Zeit ausreichend scharfe Aussagen zur korrekten Bewertung des Projektes möglich sind und eine fundierte Projektvorausschau (Forecast) erfolgen kann, die nicht erst umständlich und manuell aufwändig ermittelt und spezifisch angepasst werden muss.

Berücksichtigung von Einmalkosten in der Projektfortschrittsbewertung

Sind zu Beginn eines Projektes relativ hohe Investition geplant (Hardware, Lizenzen, etc.), so führt dies zu einem prozentual starken Anstieg des Budgetverbrauchs im Verhältnis zum bis dahin noch relativ geringen Projektfortschritt. Dieses Verhältnis wird sich normalerweise im weiteren Projektverlauf relativieren, stellt sich aber einstweilen als Missverhältnis dar. Das Investitionsvolumen ist in so einem Falle entweder anteilig zum Projektverlauf zu aktivieren oder der Budgetverbrauch ist relativ zum jeweiligen Planverbrauch (welcher dann ebenfalls einen derartig sprunghaften Anstieg ausweisen sollte) auf den jeweiligen Zeitpunkt (und nicht nur absolut) anzugeben.

Ziel

Ziel des Projektcontrollings ist es, immer genaue Aussagen über den aktuellen Stand des Projektes zu liefern. Empfänger der Controllingergebnisse sind gewöhnlich Projektleiter und Auftraggeber sowie ggf. weitere Stäbe innerhalb der Organisation, die transparente Informationen über den Projektstand oder andere, spezifische Informationen aus dem Projekt benötigen.

Diese laufende Transparenz ist das wichtigste Ziel des Projektcontrollings. Denn sie ist die Basis für ein aktives Steuern des Projektes, für die Entwicklung von Alternativlösungen oder auch für die Einbringung von Änderungsanträgen.

Lassen sich mit den Methoden der Optimierung des Projektplanes, zum Beispiel einer geänderter Vorgehensweise oder durch Parallelisierung aufgetretene Verzögerungen nicht kompensieren, so müssen auf Basis der Zahlen des Controllings korrigierende Maßnahmen eingeleitet werden.

Dies können zum Beispiel sein:

- **Anpassung des Projektendetermins**
- **Erhöhen des Budgets**
- **Verändern der Anforderungen**
- **Anpassen der Resourcenkapazität (Budget)**
- **Ausstieg aus dem Projekt**

Ziel des Projektcontrollings sollte es jedoch immer sein, derartige Maßnahmen zu vermeiden und beispielsweise auf Basis der Ist-Werte und der Vorausschau mögliche Änderungen in einzelnen Phasen durch Ausgleich mit anderen Phasen zu kompensieren, so dass sich die Eckdaten nicht ändern müssen.

Dabei ist zu beachten, dass, wie auch bei der Projektplanung, die Genauigkeit einer Prognose sich in dem Maße verschlechtert, je weiter die Prognose in die Zukunft reicht.

Kriterien

Projektcontrolling benötigt fundierte Instrumente des Reportings. Dies ist in der Regel gegeben, wenn regelmäßige Statusberichte erstellt werden. Statusberichte sind daher das zentrale Informationsmedium. Sie müssen in ihrer Art und ihrem Inhalt klar definiert sein. Es bedarf

- eines definierten Formats der Statusberichte
- eines definierten Berichtszeitraums
- benannter Empfänger der Statusberichte
- eines definierten Projektcontrollingprozesses

Der Statusbericht muss inhaltlich mindestens folgende Faktoren beinhalten:

- Terminüberwachung
- Kostenüberwachung
- Qualitätsüberwachung
- Risikobewertung
- Forecast
- Gesamtbewertung

Der Umfang der jeweiligen Kapitel kann sich auf einen Satz begrenzen, darf jedoch keinesfalls weggelassen werden.

Bei dem System des Statusberichtscontrollings ist zu beachten, dass dieses auf unterschiedlichen Ebenen abläuft. Es ist nicht zielführend, für jedes Arbeitspaket einen derartigen Statusbericht zu erstellen, auch wenn dort die Fortschrittsmessung erfolgt. Vielmehr ist die Teilprojekt- oder Projektebene ausreichend. Daher setzen sich die Inhalte eines Statusberichts aus einer Summe von Teilinformationen zusammen, welche jedoch in Ihrer Gänze konsolidiert, verdichtet und bewertet werden müssen.

Grundlage für die Erstellung der Statusberichte sind die detaillierten Informationen des Controllings, welche auch für notwendige Sonderauswertungen die Datenbasis liefern. Es ist darauf zu achten, dass sowohl für den Statusbericht als auch für andere Analysen stets die gleichen detaillierten Basisinformationen verwendet werden.

Die Vorbereitung des Statusberichts erfolgt in der Regel durch das Projektcontrolling – zumindest was die „harten" Daten betrifft. Die Fertigstellung, Bewertung und Freigabe erfolgt durch den Projektleiter.

> **Stichwort Fortschrittsbewertung:**
> Bei der Erstellung von IT-Produkten handelt es sich auch um einen kreativen Prozess mit Hindernissen und Hürden. Auch wenn versucht wird, das kreative Chaos durch Standardisierung etwas zu verringern, so ist doch oft jedes erstellte Produkt einzigartig. Aufgrund dieser Komplexität ist die reine Analyse der Fakten (Zahlen, Daten, Kosten) vielfach nicht aussagekräftig genug. Dies führt häufig zu einem verzerrten Bild bezüglich des tatsächlichen Projektstatus. Berücksichtigen Sie daher im Statusbericht stets ausreichend Platz, um diese Fakten ergänzend zu kommentieren. Diese Ergänzungen dürfen keine „Schönfärberei" sein, sondern sollen lediglich dem Empfänger der Nachricht das Zustandekommen des jeweiligen Status erläutern.

Anwendungsmöglichkeiten

Auf dem Markt sind eine Vielzahl von Projektmanagement-Tools erhältlich, die auch das Projektcontrolling mit abbilden oder unterstützen. In der Praxis wird sich jeder Projektleiter oder jede Organisation das Tool heraussuchen, das den eigenen Anforderungen am Besten entspricht. Eine Empfehlung kann daher hier nicht gegeben werden. Wichtiger ist der grundsätzliche Aufbau des Projektcontrollings. Das Projektcontrolling beruht wie bereits beschrieben auf dem Vergleich von Soll- mit Istwerten und deren Interpretation. Die Sollwerte werden zum Zeitpunkt der Projektplanung ermittelt und müssen einen ausreichenden Detaillierungsgrad aufweisen.

Die Ist-Zahlen müssen ausreichend regelmäßig erhoben werden. Nur dann können sie für das Controlling und damit für die Projektbewertung verwendet werden. Um das Projekt bewerten zu können, ist die Qualität der Istwerte entscheidend. Während über angefallene Kosten und die verstrichene Zeit meistens Einverständnis herrscht, ist der Projektfortschritt schwerer zu bewerten.

Die Projektbewertung sollte neben der Gegenüberstellung von Soll- und Ist-Werten auch noch auf folgende Punkte eingehen:

- **Prognose:** Wie wird der weitere Projektverlauf, errechnet auf Basis des Ist-Soll-Vergleich und Interpolation der Werte, aussehen?
- **Risikoabschätzung:** Es sollte auch eine Abschätzung der Projektrisiken, sowie deren Bewertung hinsichtlich Eintrittswahrscheinlichkeit und möglicher Schadenshöhe und beabsichtigter Gegenmaßnahmen enthalten sein.
- **Datenbasis:** Es muss erklärt werden, wie bzw. auf welcher Datenbasis die Ist-Werte ermittelt wurden.

Motivation

Gutes Controlling gehört zu den wichtigen Aspekten, die zum Gelingen eines Projektes beitragen. Der Umfang, mit dem das Controlling betrieben wird, ist natürlich abhängig von der Größe des Projektes.

Richtig durchgeführtes Projektcontrolling führt zu

Transparenz
Auftraggeber und Team haben einen Anspruch darauf, den Projektstand zu kennen. Dem Auftraggeber gibt dies Sicherheit, dass mit seinem Geld zielgerichtet und plangemäß umgegangen wird. Dem Team gibt die Transparenz im Projekt Sicherheit. Es weiß, was bisher erreicht wurde und welche Leistungen noch zu erbringen sind.

Planungssicherheit
Nur wer weiß, wo er steht, weiß auch, wie es weiter gehen wird. Die notwendigen Anpassungen in einem Projektplan können nicht vorgenommen werden, ohne dass ein Wissen über den tatsächlichen Stand des Projektes vorhanden ist. Die Konsequenzen des Controllings, das heißt, die infolgedessen getroffenen Anpassungen/Entscheidungen fließen in die weitere Projektplanung ein.

Risikoerkennung und -vermeidung
Die Gegenüberstellung von Soll- und Ist-Werten erlaubt frühzeitige steuernde Eingriffe. Je früher diese Eingriffe erfolgen, desto eher ist sichergestellt, dass das Projekt erfolgreich wird. Großprojekte, bei denen vor einem Projektausstieg Millionen Euro verbraucht wurden, sind mit Sicherheit ein Beispiel für ein unzureichendes Projektcontrolling verbunden mit fehlenden frühzeitigen Reviews.

Prozessoptimierungen
Die Erfahrungen aus einem Projekt können in künftige Projekte einfließen. Voraussetzung ist natürlich, dass die Erfahrungen dokumentiert sind. Der Vergleich von Soll- und Ist-Werten ermöglicht die Ursachenforschung, deren Erkenntnisse dann in weiteren Projekten berücksichtigt werden können.

Ganzheitlichkeit

Das Projektcontrolling ist auf vielfältige Art und Weise mit den anderen Aspekten des Projektmanagements verbunden.

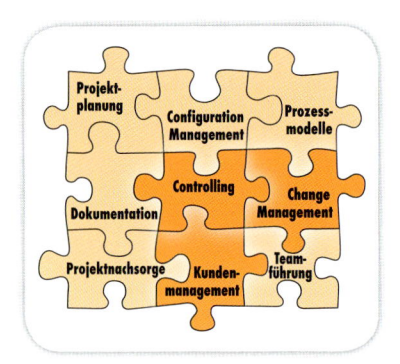

Prozessmodelle

In Prozessmodellen werden, abhängig vom Modell, verschiedene Ablauforganisationen beschreiben – teilweise auch die zugehörigen Rollen und Verantwortlichkeiten. Abhängig vom gewählten Prozessmodell und der daraus abgeleiteten Projektplanung sind die Rahmenbedingungen für ein sinnvolles Projektcontrolling bereits vorgegeben. Daraus leitet sich gegebenenfalls auch ab, welche Kennzahlen oder Werte wie ermittelt werden können und somit indirekt auch, was an wen wie berichtet wird.

Durch Zwischen- oder Nachbetrachtung des Projektes werden Zahlen und Erkenntnisse für zukünftige Projekte gewonnen – das verwendete Vorgehensmodell kann verbessert werden. Gerade die Nachbetrachtung ist entscheidend für die künftige Abwicklung von neuen Projekten. Ermittelte Kennzahlen sind nur dann aussagekräftig, wenn sie mit Werten aus der Vergangenheit verglichen werden können, als Basis für künftige Projekte dienen und auch festlegen, was ein erfolgreiches Projekt ist.

Dokumente

Projektcontrolling – wie das gesamte Projektmanagement – beruht auf der praktischen Arbeit mit Dokumenten. In Dokumenten ist beschrieben, wie das Controlling zu erfolgen hat, welche Instrumente verwendet werden und wie das Ergebnis zu interpretieren und zu berichten ist. Ohne Dokumente ist ein Projektcontrolling nicht denkbar.

Projektplanung

Die wichtigste Basis für das Projektcontrolling ist die Projektplanung. Aus der Projektplanung ergeben sich die Planwerte, die im Controlling mit den ermittelten Istwerten verglichen werden. Die Qualität der Projektplanung entscheidet über die Qualität des Controllings.

Abhängig davon, ob die Projektplanung zu definierten Zeitpunkten gesichert wurde (Basisplan), kann sich abhängig von der zugrunde gelegten Planversion jeweils eine andere Interpretation der Controllingdaten ergeben. Hier ist darauf zu achten welche Planversion als geeignet bzw. aktuell betrachtet wird.

Teamführung

Projektcontrolling schafft Transparenz über den gesamten Projektverlauf. Diese Transparenz im Projekt ist eine der Grundlagen für eine erfolgreiche Führung des Projektteams. Probleme können fundiert diskutiert, Erfolge gewürdigt und Arbeitsanreize geschaffen werden.

Die Kenntnis des einzelnen Mitarbeiters bezüglich der Erwartungen an ihn selbst und an andere, was anstehende Aufgaben angeht, kann eine Eigendynamik im Engagement des Einzelnen erwirken, welche, auf das Team übertragen, zu einer sich selbst verstärkenden positiven Stimulanz führen kann.

Best Practices

Der schwierigste Teil im Projektcontrolling wird immer die Ermittlung des Projektfortschritts sein. Die verstrichene Zeit und die aufgelaufenen Kosten lassen sich relativ einfach ermitteln. Der Grad der Fertigstellung ist aber gerade in IT-Projekten oft von einer persönlichen Einschätzung abhängig. Hier empfiehlt es sich, sich die sogenannte 90-10-Regel in Erinnerung zu rufen, nach der ein 90%er Fertigstellungsgrad nach 10% der Zeit erreicht wird, während für die verbleibenden 10% Fertigstellunggrad 90% der Zeit benötigt wird. Die Best Practices für IT-Projekte beziehen sich daher auf die Ermittlung des Fertigstellungsgrades und auf den Aufbau der Arbeitspakete.

Aufbau der Arbeitspakete

Eine Empfehlung für den Umfang von Arbeitspaketen ist schwer zu geben. Bei größeren Projekten ist es sinnvoll, Use Cases (Anwendungsfälle) als Arbeitspakete zu verwenden. Use cases sind Funktionseinheiten, die vom Auftraggeber gefordert werden. Die Aufteilung des Projektes in Funktionen und deren Aufwandsabschätzung als Basis des Controllings ermöglicht dann

- eine für den Auftraggeber verständliche Kommunikation des Projektfortschritts.
- eine bessere Prognose der Endaufwände: wenn bei jedem Use Case 10% mehr Zeit benötigt wird, wird am Ende das Budget auch um 10% überschritten.
- eine frühzeitige Feststellung von Teilfortschritten: dem Auftraggeber können bereits in der Projektphase Ergebnisse präsentiert werden.
- eine funktionsorientierte Diskussion über Restaufwände bei Budgetüberschreitungen.

Die einzelnen Use Cases könnten bei entsprechender Größe dann noch einmal nach ihrem Fertigstellungsgrad betrachtet werden. Dieser Fertigstellungsgrad könnte z. B. wie folgt ermittelt werden:

Vorgehensvorschlag für den Fertigstellungsgrad je Arbeitspaket

Arbeitspaket/Meilensteine	Aufwand	Fertigstellung
Vorgaben gelesen	5 %	5 %
Start Programmierung	5 %	10 %
Test 1 – Maske definiert	20 %	30 %
Test 2 – Funktion create, Del , Update	40 %	70 %
Mein Test ok und Source eingestellt	10 %	80 %
Kunden Test und ok	10 %	90 %
Fehler beseitigt	5 %	95 %
Dokumentation	5 %	100 %

Abb. 14: Vorgehensvorschlag für den Fertigstellungsgrad je Arbeitspaket

IT-Projekte sind Entwicklungsprojekte

Projekte sind per se neuartig, aber insbesondere im IT-Bereich stellt diese Entwicklungsarbeit eine besondere Herausforderung dar. In solchen Fällen sind die klassischen Fortschrittsmessungen sehr schwierig anzuwenden. Der genannte Vorschlag für den Fertigstellungsgrad kann daher als sehr guter Indikator für einzelne Use Cases (Arbeitspakete) dienen. Um innerhalb der einzelnen Arbeitsschritte des Use Cases den Fortschritt zu bewerten, ist diese Aufteilung zu aufwändig. In so einem Fall reicht es erfahrungsgemäß, sich auf die Restaufwandsbewertung zu begrenzen.

Vorgehensvorschlag für den Projektfertigstellungsgrad

Arbeitspaket/Meilensteine	Aufwand	Fertigstellung
Erstellung des Pflichtenheftes	20 %	20 %
Entwicklung (auf Use Cases basierend)	40 %	60 %
Test (inkl. user acceptance-Test)	15 %	75 %
Dokumentation	20 %	95 %
Auslieferung und finale Abnahme	5 %	100 %

Abb. 15:
Vorgehensvorschlag
für den Projektfertigstellungsgrad

Ehrliche Entscheidungsfindung durch Projektcontrolling

Durch ein gutes Projektcontrolling werden bereits frühzeitig Abweichungen zum geplanten Projektverlauf identifiziert. Je früher auf diese Abweichungen reagiert wird, desto mehr Zeit und Gestaltungsspielraum steht für die Umsetzung der Korrekturmaßnahmen zur Verfügung. Zeigen Sie daher in jedem Statusbericht die entsprechenden Abweichungen offen und ehrlich auf.

Das „Unterschlagen" von Abweichungen, in der Hoffnung, dass sich das schon wieder aufholen lässt, ist eine häufige, aber extrem gefährliche Strategie in Projekten. In den meisten Fällen lassen sich derartige Abweichungen nicht mehr aufholen. Wenn dann zu einem späteren Zeitpunkt die Abweichung kommuniziert werden muss, ist bereits wertvolle Zeit für Anpassungs- oder Korrekturmaßnahmen vergangen.

Ebenso gefährlich ist es, Abweichungen nicht zu kommunizieren, in der Hoffnung dass andere Bereiche ebenfalls Abweichungen haben und diese Ihre Abweichung zuerst kommunizieren müssen. Auch so wird wertvolle Zeit vergeudet.

Nutzen Sie den Statusbericht, um frühzeitig Abweichungen zu kommunizieren und um einen offenen und ehrlichen Umgang mit Abweichungen zu entwickeln. Eine Statusdarstellung in Form einer Ampel zeigt, abhängig vom Grad der Abweichung, einen grünen, gelben oder roten Status. Das frühzeitige Aufzeigen einer gelben oder roten Ampel bedeutet hierbei aber nicht, dass der Projektleiter seine Aufgabe nicht gemacht hat, sondern dass ein Handlungs- und/oder Entscheidungsbedarf besteht. Je früher dies erfolgt, umso effizienter kann reagiert werden.

Es gilt daher für ein ehrliches Projektcontrolling: **Eine Rote Ampel im Status kann umso besser korrigiert werden, je früher diese offen kommunziert wird.** Daher stellen ehrliche rote Ampeln im Projekt stets eine Chance dar.

Weitere best practices für Controlling und Motivation der Mitarbeiter

Das Projekt in kleine, Use Case bezogene Arbeitspakete aufteilen

Eine Aufwandsschätzung im Rahmen der Projekplanung wird umso genauer sein, je besser und detaillierter die Anforderungen beschrieben sind. Je kleiner das abzuschätzende Arbeitspaket ist, desto überschaubarer ist die Aufgabe und damit umso besser die abgelieferte Aufwandsschätzung. Divide et impera, jener Grundsatz aus vielen Teilgebieten der Informatik, sollten Sie gerade auch beim Aufbau von Arbeitspaketen beachten.

Die ausführenden Mitarbeiter bei der Aufwandsbestimmung mit einbeziehen

Auch wenn Realisierungsaufwände aufgrund von statistischen Daten geschätzt werden können, so werden Sie doch die beste Schätzung von dem Mitarbeiter erhalten, der mit der Realisierung beauftragt wird.

Den Mitarbeiter zur Kontrolle und Einhaltung seiner Aussagen verpflichten

Haben Sie ihre Mitarbeiter zur Aufwandsbestimmung mit herangezogen, so können Sie sie später auch zur Einhaltung und Kontrolle ihrer Aussage verpflichten.

Nie nach dem Fortschritt, sondern nach dem Restaufwand fragen

IT-Projekte haben die Eigenschaft, immer zu 90% fertig zu sein. In diesem Stadium können sie dann sehr lange verharren, da die letzten 10% erfahrungsgemäß sehr viel Zeit benötigen. Um einen realistischen Restaufwand zu erhalten, sollten Sie daher nie nach dem Fertigstellungsgrad fragen, sondern immer nach der noch benötigten Zeit.

Vorher definieren, welche Zahlen und wie diese erhoben werden

Die Ergebnisse des Controllings können nur so gut sein wie die ermittelten Sollzahlen in Kombination mit der Aussagekraft der Fortschrittszahlen. Bei der Bestimmung beider wird der mit der Realisierung beauftragte Mitarbeiter benötigt. Beziehen Sie ihn bei der Ermittlung beider Kenngrößen mit ein. Erklären Sie ihm im Vorfeld, welche Zahlen benötigt, erhoben und kontrolliert werden. Sie erhöhen damit die Identifikation des Mitarbeiters mit dem Projekt und seiner Arbeit.

Auf eine gute Kommunikation im Team achten

Projekte leben von der Zusammenarbeit von Menschen in einem Team. Controlling – richtig angewendet – kann eine Klammer sein, die das Projektteam zusammenhält. Achten Sie daher immer auf eine gute Kommunikation im Team. Diskutieren Sie die Ergebnisse des Controllings. Nutzen Sie das Controlling als ein Mittel, das Team weiter zu motivieren.

Weiterführendes

http://www.software-project-management.de [Stand: 15.05.2009]
http://www.controllingportal.de/Fachinfo/Funktional/IT-Projektcontrolling-Loesungsansaetze-fuer-die-Praxis.html [Stand: 15.05.2009]
http://www.projektmagazin.de/glossar/gl-0066.html [Stand: 15.05.2009]

Feyhl, Achim W: Management und Controlling von Softwareprojekten: Software wirtschaftlich auswählen, entwickeln, einsetzen und nutzen; Gabler 2004

Bundschuh, Manfred, Fabry, Axel: Aufwandschätzung von IT-Projekten; Mitp-Verlag; 2004

Gadatsch, Andreas: Grundkurs IT-Projektcontrolling: Grundlagen, Methoden und Werkzeuge für Studierende und Praktiker; Vieweg+Teubner; 2008

Teamführung
in IT-Projekten

Beschreibung

Zu den wichtigsten Erfolgsfaktoren für ein erfolgreiches Projekt gehört ein gut funktionierendes Team. Dieses entsteht nicht automatisch durch die bloße Zusammenstellung von Experten. Ein Projektteam muss durch andauernde Arbeit am Team geschaffen und geformt werden. Unter Teamführung sind die komplexen Soft Skills, ergänzt um Methoden und Erfahrungen des Projektleiters, zu verstehen, die aus einer Gruppe von Mitarbeitern das Projektteam formen und im weiteren Verlauf fördern und entwickeln.

Besonderheiten von Teams

Wesentliches Merkmal von Teams ist die Arbeitsteilung unter Spezialisten im Hinblick auf ein gemeinsames Ergebnis. Projektteams bestehen oft aus Mitgliedern von verschiedenen Funktions- und Organisationseinheiten eines Unternehmens. Sie können – gerade bei Projektteams – um externe Spezialisten ergänzt werden.

Die Zusammensetzung des Teams aus Spezialisten verschiedener Bereiche unterscheidet das Projektteam von einer bloßen Arbeitsgruppe. Die Arbeitsgruppe, meist geführt von einem Gruppenleiter, besteht im Allgemeinen aus Mitgliedern, die gemeinsame bzw. vergleichbare Funktionen haben. Bei einem Projektteam handelt es sich dagegen um ein deutlich komplexeres organisatorisches und soziales System, welches darüber hinaus nur für einen definierten Zeitraum (Projektlaufzeit) aufgestellt wird.

Teams und vor allem ihre Zusammensetzung bewirken eine Reihe von unerwarteten Effekten, darunter auch Negative. So hinterfragt Peter Senge (MIT, „Die lernende Organisation"): „Wie ist es zu erklären, das ein Team von engagierten Mitarbeitern, die einen individuellen IQ von über 120 haben, einen kollektiven IQ von 63 aufweisen."

Eine Ursache dafür mag eine falsche Zusammensetzung des Teams sein.

Meredith Belbin, englischer Wissenschafter und Vater der Teamrollentheorie, formulierte das sogenannte „Apollo-Syndrom". Demnach wurden in ein Team nur die fachlich Besten berufen. Dieses Team erreichte aber nicht das beste, sondern das schlechteste denkbare Resultat. Der Grund war, dass jeder die andern von seiner Meinung zu überzeugen versuchte. Es wurde viel debattiert und wenig gearbeitet. Die Energie der einzelnen Team-Mitglieder wurde in wohlfeile Argumente gesteckt, die die anderen überzeugen sollten. Es ging ganz einfach darum, Recht zu haben.

Ein ähnliches Phänomen erlebt man auch oft im Fußball. Die teuerste Truppe der besten Spieler ist nicht immer die beste Mannschaft in der Liga.

Daher ist es bei der Zusammensetzung von Projektteams nicht allein wichtig, die Besten in ihrem jeweiligen Fach zu erhalten, sondern die Besten für das jeweilige Team. Verschiedene Rollen und Aufgaben sind in einem Projektteam zu besetzen. Neben der fachlichen Kompetenz sind die sozialen Kompetenzen der Beteiligten bzw. deren Zusammenspiel entscheidend. Persönliche Rollen sind beispielsweise der Umsetzer, der Integrator, der Beobachter, der Motivator, der Blockierer, der Mitspieler oder der Erfinder. Diese Rollen entwickeln sich idealerweise aus den spezifischen Stärken des Einzelnen.

Abb. 16:
Entropie
Ein Maß für die Unordnung.

Entropie in Projekten

Teamführung in Projekten unterscheidet sich in einigen Aspekten von der Führung von Arbeitsgruppen. So besitzen Projekte ein Entropie-Problem.

> **Stichwort Entropie:**
> Entropie ist ein Maß für die Unordnung: Je mehr sich in einem (geschlossenen) System die Teile mit größter Wahrscheinlichkeit gleichmäßig verteilen, desto größer wird die Unordnung. Die Wahrscheinlichkeit, sie in den geordneten Zustand zurückzuführen, dagegen ist gering. (Wenn Sie an die Papiere auf Ihrem Schreibtisch denken, dann verstehen Sie dies schlagartig!)

Teamführung in IT-Projekten

Ein Projekt wächst während des Projektlebenszyklus „in die Breite":

- Zahlreiche Prozesse werden installiert.
- Artefakte und Dokumentationen werden produziert.
- Die Formalisierung und Bürokratisierung des Projektes nimmt zu.
- Für den Einzelnen nimmt die Intransparenz im Projekt zu.
- Der Einzelne wird zunehmend gegenüber der Gesamtleistung des Teams isoliert.
- Die Möglichkeiten, die Mitarbeiter eines in Schieflage geratenen Projektes wieder auf die Zielerreichung einzuschwören, nehmen ab.

Diese natürliche Entwicklung kann ein Projekt ernsthaft in Bedrängnis bringen. Nur durch regelmäßige Kommunikation über das „Projektganze" sowie durch strikte und doch flexible Regeln lassen sich diese Probleme lösen. Regeln, die den Mittelweg zwischen bürokratischem Ballast einerseits und unterlassenen Begleitprozessen andererseits gehen. „Halte die Dinge so einfach wie möglich", mahnte Einstein, „aber nicht einfacher". Das Verständnis und das Einhalten derartiger Regeln ist aber stets von der Bereitschaft und der Mitwirkung der Teammitglieder abhängig.

Der Diener zweier Herren

Die Zusammensetzung von Projektteams aus Mitgliedern verschiedener Funktions- und Organisationseinheiten bedingt, dass auf die speziellen Belange der beteiligten Mitarbeiter eingegangen werden muss. Folgende Herausforderungen muss eine aktive Teamführung berücksichtigen:

- Projekte in einer Matrixorganisation bewirken, dass die Mitarbeiter „zwei Herren dienen".
- Interdisziplinäre Besetzung bewirkt das Zusammentreffen unterschiedlicher Kulturen in Sprache, Stil und Arbeitsweise.
- Viele parallele Projekte erschweren die Identifikation mit dem einzelnen Projekt und verringern die Leistungsfähigkeit des Einzelnen.
- Virtuellen Teams fehlt die nonverbale Kommunikation. Es ist aber häufig nicht nur wichtig was man sagt, sondern auch wie man es sagt.
- Haupt- und Nebenrollen, Vollzeit- und Teilzeitmitarbeiter, sowie temporäre Mitarbeiter erfordern häufiges Umdenken und Sich-Neu-Orientieren dieser Mitarbeiter.

Besonderheiten in IT-Projekten

In IT-Projekten müssen dazu noch einige Besonderheiten berücksichtigt werden, welche ansonsten leicht zu einem Problem führen oder in einem Konflikt münden können:

- **verschärfte Sprachbarriere:**
  IT-Projekte sind häufig durch eine sehr unterschiedliche Terminologie zwischen Auftragnehmer und Auftraggeber gekennzeichnet. Dies bewirkt das Risiko von Missverständnissen, die einerseits den Projektverlauf und andererseits den Zusammenhalt im Team gefährden können.
  Es sei noch einmal auf die Bedeutung eines Glossars und eines einheitlichen Sprachgebrauchs im Kapitel „Dokumente in IT-Projekten" hingewiesen.
- **hohes Konfliktpotenzial:**
  Da IT-Projekte sehr oft mit organisatorischen Änderungen in einem Unternehmen verbunden sind, bergen sie ein hohes Konfliktpotential, das zu einer erhöhten Belastung der Mitarbeiter im Projekt führen kann.
- **Freiräume für kreative Prozesse**
  IT-Projekte sind stets auch Entwicklungsprojekte. Für diese kreative Arbeit muss sowohl der Rahmen als auch der Freiraum gegeben werden. Aber nicht alle Projektbeteiligten haben die gleiche Rolle und somit ist der Anspruch auf Freiräume rollenspezifisch zu betrachten.

Ziel

Teamführung im IT-Projekt formt aus den einzelnen Menschen – den Akteuren aller Prozesse und Leistungen eines Projektes – ein stabiles Team mit gemeinsamer Zielausrichtung. Sie schafft Raum für intensive und offene Kommunikation, Kreativität, konstruktive Konfliktbewältigung und erzeugt zusätzliche Motivation. Teamführung verbessert die Belastbarkeit der Mitarbeiter in schwierigen Projektphasen.

Teamführung verfolgt nicht nur das Ziel, zu definieren, was jeder Einzelne im Projekt machen muß, sondern auch, dafür zu sorgen, dass jeder Einzelne das auch machen will.

Das Ziel der Teamführung ist es darüber hinaus, mittels der Förderung und Motivation des einzelnen Mitarbeiters auch eine positive Gesamtstimmung im Projekt zu erzeugen. Ein motiviertes Team wird aus eigenem inneren Antrieb das Projekt nach vorne bringen wollen. Dieser Aspekt kann dazu führen, dass das gesamte Projekt eine positive Dynamik entwickelt. Diese positive Energie wird das Projekt enorm beflügeln.

Kriterien

Teamführung ist ein komplexer Prozess und in seinen konkreten Auswirkung auf den Projekterfolg schwer messbar. Die Beantwortung der folgenden Fragen kann dazu dienen, festzustellen, ob es eine erfolgreiche und wirklich praktizierte Teamführung gibt.

- Gibt es Maßnahmen zur Teamentwicklung? (Workshop, Spielregeln)
- Findet eine gemeinsame Diskussion der Projektziele statt, mit der Maßgabe, dass sich alle Teammitglieder damit identifizieren können?
- Wird das Team über den Stand des Projektes regelmäßig informiert?
- Wird das Team vom Projektleiter an Entscheidungen beteiligt?
- Findet in Besprechungen Metakommunikation statt?
- Werden Probleme im Team in Besprechungen thematisiert?
- Sind alle wesentlichen Beteiligten eingebunden?
- Werden Kritik und Widerstände aus dem Team ernst genommen?
- Wird mit Kritik und Konflikten konstruktiv und lösungsorientiert umgegangen?
- Werden Fehler als Lernchance gesehen?
- Erhält das Team und seine Mitglieder regelmäßig Feedback?
- Gilt im Projekt ein Win-Win-Denken oder ein Win-Lose-Denken?
- Gibt es teamorientierte Motivationsmaßnahmen?
- Wird dem Team Verantwortung übertragen und diese auch vom Team angenommen?

Die Anzahl der möglichen Kriterien ist vielfältig. Daher genügt oft eine individuelle Auswahl. Jedoch sollte die Teamführung an diesen Kriterien in regelmäßigen Abständen überprüft werden, da im Stress des Projektalltages häufig die Teamentwicklung übersehen oder vergessen wird.

Anwendungsmöglichkeiten

Teamführung anwenden:
Eine weitere Dimension sehen und gestalten

Teamführung anwenden bedeutet, von Anfang an den Faktor Mensch in die Vorbereitung eines Projektes einzubeziehen. Das Magische Dreieck des Projektmanagements (Qualität – Termine – Kosten) sollte besser als Pyramide gesehen werden: Mit Menschen als viertem Eckpunkt, der über allem steht. Für die Umsetzung von Qualität sind Menschen verantwortlich. Ihre Mitarbeit und die von ihnen getroffenen Entscheidungen verursachen wiederum einen guten Teil der Kosten. Menschen als Team (ver)brauchen Zeit. Die Bearbeitung menschlicher Belange im Projekt benötigt Zeit, kann aber helfen, Konflikte im Magischen (Ziel-)Dreieck aufzulösen.

Abb. 17:
Teamführung
Klassische Führung versus Projektteam-Führung.

Teamführung

klassische Führung

Projektteam-Führung

Projektleiter brauchen ein positives Menschenbild

Die Ergebnisse der Motivationsforschung sind eindeutig: Jeder Mitarbeiter will bei Angelegenheiten, die ihn betreffen, mitreden. Er will als Person gewürdigt und gerecht behandelt werden. Dieses Verständnis sollte ein Projektleiter mitbringen und entsprechend als Vorbild im Team wirken. Diese Interessenslage des Teams und seiner Mitglieder sollten Projektleiter und Entscheider mit Blick auf die Teammitglieder berücksichtigen.

Spielregeln für den Umgang mit Teams
- Spielräume und Gestaltungsmöglichkeiten einräumen.
- Verantwortung übertragen.
- Den Einzelnen wie das Team fördernd fordern.
- Dem Team eine angemessene Arbeitsumgebung bieten.

Mit einer positiven Einstellung kann ein Projektleiter seinem Team die notwendige Anerkennung gewähren und gleichzeitig sicher gehen, dass jeder Mitarbeiter sein Bestes gibt.

In diesem Sinne sollte er auch auf die Einstellung von Entscheidern, Kunden und anderen Team-Externen einwirken.

Teamentwicklungsphasen

Ein neues Team muss zu Projektbeginn zusammenfinden. Dieser Prozess aus fünf Phasen braucht Zeit – erst die vierte Phase ist die der höchsten Teamleistung.

- **Formierungsphase:**
  Ausprobieren von Verhaltensmustern, gegenseitiges Abtasten. Die Nähe zu einem hervortretenden Gruppenmitglied bzw. zum Teamleiter wird gesucht. Der Teamleiter muss Orientierung geben.
- **Konfliktphase:**
  Selbstdarstellung Einzelner (Hahnenkämpfe), Konflikte zwischen Untergruppen, Aufruhr gegen Führende, gegensätzliche Meinungen. Der Teamleiter muss in dieser Phase Ziele aufzeigen.
- **Normierungsphase:**
  Der Gruppenzusammenhalt entwickelt sich, man akzeptiert sich. Normen, Regeln und Umgangsformen miteinander werden geschaffen. Der Teamleiter ist jetzt vor allem Koordinator.
- **Arbeitsphase:**
  Jetzt kann die Energie der eigentlichen Aufgabe gewidmet werden. Leistungsorientierung und kollegialer Umgang funktionieren. Der Teamleiter koordiniert weiter und sorgt für die beständige Zielausrichtung und für Kreativität im Team.
- **Auflösungsphase:**
  Verarbeiten von Erfolg und Misserfolg. Die Teammitglieder denken jetzt vermehrt über die Zeit nach dem Projektende nach. Der Teamleiter begleitet achtsam die Auflösung des Teams und hilft beim Finden von Anschlussaufgaben.

In diesem Gesamtprozess wird eine erkennbare, akzeptierte und tragfähige Rangordnung geschaffen. Dieser Prozess braucht Zeit. Wird dieser Teamentwicklung keine Zeit eingeräumt, werden Teamthemen nicht diskutiert und geregelt, geschieht Teamentwicklung im Wildwuchs. Wildwuchs in nicht gewünschter Richtung und mit negativer sozialer Dynamik kann zum Scheitern des gesamten Projektes führen. Diese Teamentwicklungsphasen sind jedoch nur bei einer entsprechenden Mischung von Charakteren möglich, die sich gegenseitig ausgleichen. Im Rahmen der Teamentwicklung sollten die folgenden Punkte diskutiert, erarbeitet und vereinbart werden.

Die drei Kooperationsebenen

In der Kooperation des Teams, vor allem bei Besprechungen, sollte neben dem Thema: „Was müssen wir jetzt tun?" auch Zeit und Raum für weitere Ebenen bleiben, sofern dort Probleme erkennbar werden.
1. **Was müssen/wollen wir tun ?**
2. **Wie wollen wir zusammenarbeiten?**
3. **Wie gehen wir miteinander um?**

Die Berücksichtigung dieser drei Ebenen gilt während der ganzen Projektlaufzeit. Diese drei Ebenen kommen sicherlich nicht bei jeder Besprechung zum Tragen. Sie sollten aber stets ein impliziter Bestandteil der täglichen Arbeit bzw. des Umgangs miteinander sein. Weiterhin sollte regelmäßig überprüft werden, ob diese Kooperationsebenen noch gewahrt sind.

Offene Informations-, Kommunikations- und Entscheidungspolitik

Wenn Mitarbeiter die Projektziele verstanden haben und vom Sinn überzeugt sind, so fördert dies auch den Zusammenhalt des Teams. Offene Informations- und Kommunikationspolitik ermöglicht die Einbindung des Teams in die Zieldiskussion und dies erleichtert die operative Entscheidungsfindung. Der Sinn des Projektes wird bei Bedarf diskutiert und gibt dem Team einen gemeinsamen Orientierungsrahmen.

Ein Team braucht Spielregeln und Verhaltensroutinen

Ein Team kann nur funktionieren, wenn es sich seine eigenen Verhaltensroutinen schafft. Teams sollten ihren eigenen Verhaltenskodex entwickeln und geeignete Regeln für ihre Gruppe selbst erarbeiten. Diese Spielregeln sind im Vorfeld von allen Beteiligten zu vereinbaren, versehen mit der Selbstverpflichtung, sich insbesondere in späteren Problem- oder Konfliktsituationen daran zu halten.

Lösungorientierter Umgang mit Konflikten

In Projekten kommt es immer zu Konflikten. Dafür sorgt meistens schon das enge Zielkorsett von Qualität, Budget und Zeit. Der Projekterfolg hängt wesentlich davon ab, dass Konflikte nicht verschleppt werden, nicht unkontrolliert eskalieren, sondern offen und lösungsorientiert ausgetragen werden.
Konflikte können durchaus in einen konstruktiven Dialog münden. Die Herausforderung besteht darin, unterschwellige Konflikte zu erkennen und zu einem konstruktiven Dialog zu verwandeln. Hier ist seitens des Projektleiters zum einen Sensibilität, zum anderen die Fähigkeit, mal in die Gruppe „reinzuhören", gefordert.

Teamrituale schaffen – eine eigenständige Projektkultur entwickeln

Projekte sind (auch) soziale Systeme. Teamrituale fördern das Zusammengehörigkeitsgefühl und tragen zu einer eigenständigen Projektkultur bei. Unter Ritualen sind immer wiederkehrende feste Abläufe, Ordnungen und Automatismen zu verstehen. Diese schaffen eine Basis für die Teamentwicklung. Sie fördern Vertrauen und helfen, sich besser kennen zu lernen. Teamrituale können einfach Maßnahmen sein, welche sich auch in die Projektarbeit integrieren lassen. Denkbar sind beispielsweise ein monatlicher Projektstammtisch oder auch ein immer gleicher Aufbau der Teambesprechungen.

Schlechte Teams wirken demontierend – gute Teams tragen sich selbst.

Gute Teams schaffen Lösungen, die zuvor undenkbar schienen und sind somit der wichtigste Faktor für erfolgreiche Projekte.

Motivation

Welche Vorteile kann ein Projektleiter erwarten, wenn er Teamführung aktiv anwendet?

- Bessere Kommunikation im Sinne von Informationsaustausch und Schnittstellenarbeit.
- Besseren Umgang miteinander und eine zielgerichtete Arbeitsweise.
- Bessere Konfliktaustragung, -regulierung und „Gewinne durch ausgetragene Konflikte".
- Weitere Motivationsebene für das Team, wenn nicht nur der Vorteil des einzelnen Mitarbeiters zählt, sondern auch der Teamerfolg.
- Insgesamt die Verbesserung der Erfolgsaussichten für das Projekt.

Darüber hinaus ist das Arbeiten unter teamfreundlichen Bedingungen sowohl für den Projektleiter befriedigender, als auch für die einzelnen Teammitglieder. Wer sich in einer Gruppe wohl fühlt, leistet mehr ohne mehr zu arbeiten. Die zielgerichtete Arbeit schafft für alle Beteiligten eine sogenannte „win-win-Situation".

Ganzheitlichkeit

Man darf nicht vergessen: Projekte werden von Menschen in Teams durchgeführt. Alle Leistungen im Projekt, auch alle Begleitprozesse des Projektmanagements wie Planung, Risikomanagement, Dokumentation, etc. sind vom Engagement der Teammitglieder abhängig. Das Zusammenspiel aller ist das Geheimnis eines erfolgreichen Projektteams.

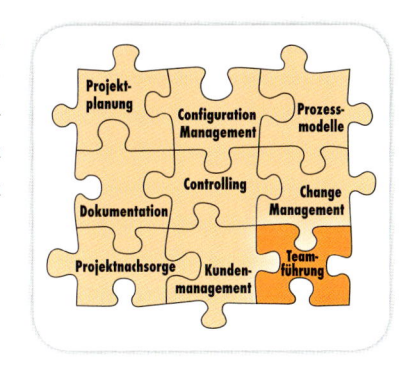

Prozessmodelle und Projektplanung

Software-Projekte beginnen nahe Null. Jedes Projekt hat ein hohes Maß an Einzigartigkeit. Somit müssen die wesentlichen Bausteine zum Teil ganz neu erstellt, ausgewählt und funktional miteinander verbunden werden. Nur ein gut funktionierendes Team wird die notwendige Motivation, Kreativität und Kooperationsbereitschaft mitbringen, um das Notwendige zu tun und das Überflüssige zu unterlassen. Wird ein Team in die Planung einbezogen, sind qualitativ höherwertige Planungsergebnisse zu erwarten. Umgekehrt wird ein Team die Vorgaben der Planung leichter akzeptieren als eine lose Gruppe von Mitarbeitern.

Controlling und Dokumentation

Beide Begleitprozesse werden besonders in IT-Projekten von Projektmitarbeitern häufig als lästig und behindernd erlebt. Ist ein Team auf die nur gemeinsam zu realisierende Aufgabe eingeschworen, wird die Notwendigkeit dieser beiden Begleitprozesse wesentlich besser nachvollziehbar und somit auch besser akzeptiert.

Kundenmanagement

IT-Projekte brauchen den Kunden als Zuarbeiter, der notwendige Informationen und Rückmeldungen liefert. Ist der Kunde zumindest in ein erweitertes Team einbezogen, kann die unternehmensübergreifende Abstimmung und Kooperation direkter, einfacher und lösungsorientierter erfolgen.

Best Practices

Teamführung erfordert Teamentwicklung. Teamentwicklung braucht Zeit

Nutzen Sie den Kick-Off eines Projektes nicht nur für technische und organisatorische Fragen sondern auch für Themen der Teamentwicklung. Besser ein mehrtägiger Workshop als ein zweistündiges Briefing im Konferenzraum.
Räumen Sie Zeit und Gelegenheit für Teamentwicklung ein. Diskutieren Sie Teamthemen und -probleme, um Regelungen und Lösungen finden zu können. Nehmen Sie sich Zeit für die Integration einzelner Teammitglieder. Bauen Sie gegenseitiges Verständnis für unterschiedliche Typen im Projekt und unterschiedliche Sichtweisen und Anliegen auf. Nur wer die Stärken eines anderen anerkennt, lernt mit manchen Eigenheiten des anderen klar zu kommen. Mit den Aufgaben kann ein Team wachsen. Teamentwicklung muss keine Trockenübung sein, sondern kann parallel zur Bewältigung der anspruchsvollen Aufgaben stattfinden.

Bauen Sie eine offene Kommunikationskultur auf

Engagieren Sie sich für eine offene Kommunikationskultur. Sorgen Sie für Transparenz der Entscheidungen und der Projektpolitik. Beteiligen Sie das Team an Entscheidungen und an der Diskussion von Fehlern als Lernmöglichkeit.
Sorgen Sie dafür, dass konstruktiv mit Konflikten umgegangen wird. Suchen Sie nicht nach Schuldigen, sondern nach Lösungen. Interessen ermitteln, Vorinformationen abgleichen, nach Alternativen suchen, „win-win-Lösungen" finden. Dies führt zu einem erfolgreichen Team.
Schaffen Sie Gelegenheiten, sich regelmäßig zu treffen, sich näher kennenzulernen und sich auszutauschen. So kann z. B. ein Projektraum eingerichtet werden, in dem außer der Kaffeemaschine visualisierte Projektdaten zu finden sind. Dort kann sich das Team selbständig mit dem Projektstand auseinandersetzen, das Projektganze erkennen und Verbesserungen erarbeiten. Fördern Sie Teamrituale, dann fördern die Teamrituale das Teamklima.

Engagieren Sie sich für das Team

Ein guter Projektleiter sorgt für sein Team. Er schützt es vor Angriffen von außen. Kritik wie Anerkennung von außen gibt es nur für das Team als Ganzes. Er bemüht sich um den Zusammenhalt. Er sorgt für sein Team bzw. dessen Mitglieder auch für die Zeit nach dem Projektende.

Führen Sie Zielvereinbarungen mit dem Team als Ganzem wie mit den einzelnen Beteiligten durch. Teams wie einzelne Mitglieder brauchen Spielräume. Geben Sie das Was vor, aber lassen Sie das Wie durch das Team gestalten.

Weiterführendes

http://de.wikipedia.org [Stand: 15.05.2009]
Stichworte: Teamführung, Teamarbeit, Teamentwicklung

Kenneth Blanchard/Sheldon Bowles
Gung Ho! Wie Sie jedes Team in Höchstform bringen. Reinbek, 2003

Kenneth Blanchard u. a.
Der 01-Minuten-Manager : Führungsstile. Reinbek, 1995

Tom DeMarco/Timothy Lister
Wien wartet auf dich. Der Faktor Mensch im DV-Management. München, 1999

Daniela Mayrshofer/H. A. Kröger
Prozesskompetenz in der Projektarbeit: Ein Handbuch für Projektleiter, Prozessbegleiter und Berater. Hamburg, 1999

Klaus Tumuscheit
Überleben im Projekt. 10 Fallen im Projekt an Beispielen. München, 2001

Daniel Goleman/R. Boyatzis/A. McKee
Emotionale Führung. Berlin 2003

Heinz Hütter
Motivation im Projekt. 2004. Sprache als Lenkungswerkzeug, 2006.
Beides in: Praxishandbuch Innovatives Projektmanagement, Grundwerk, Weka Media, Kissing 2002

Zu guter Letzt

Abbildungsverzeichnis

Abb. 1: Unternehmen/Organisation 18

Abb. 2: Skalierbares Prozessmodell 22

Abb. 3: Erweitertes Wasserfallmodell mit Rücksprungmöglichkeit 29

Abb. 4: Spiralmodell 31

Abb. 5: V-Modell 32

Abb. 6: V-Modell XT 34

Abb. 7: RUP (Rational Unified Process) 35

Abb. 8: SCRUM 37

Abb. 9: Elemente des IT-Projektplanes 42

Abb. 10: Dokumente in IT-Projekten 65

Abb. 11: Dokumentation in IT-Projekten 73

Abb. 12: Statusbericht 101

Abb. 13: Regelkreis im IT-Controlling 106

Abb. 14: Vorgehensvorschlag für den Fertigstellungsgrad je Arbeitspaket . . . 117

Abb. 15: Vorgehensvorschlag für den Projektfertigstellungsgrad 118

Abb. 16: Entropie 125

Abb. 17: Teamführung 130

Das pm-forum-augsburg

Im Oktober 2001 wurde das pm-forum augsburg als virtuelle Organisation gegründet. Ziel des pm-forums war es von Anfang an die anerkannte Plattform für Projektmanagement in der Region Augsburg zu sein. In den 7 Jahren des Bestehens konnten über 60 Veranstaltungen mit schätzungsweise über 1.200 Teilnehmern durchgeführt werden.

Das pm-forum-augsburg wird dabei von den Trägern Universität Augsburg, Zentrum für Weiterbildung und Wissenstransfer (ZWW), dem VDI Verein Deutscher Ingenieure Augsburger Bezirksverein, der GPM Deutsche Gesellschaft für Projektmanagement e. V. Region Augsburg, dem IHK Bildungshaus Schwaben und der Hochschule Augsburg unterstützt und getragen. Darüber hinaus finden sich im Orga-Team noch viele ehrenamtliche Helfer und Unterstützer.

Mit circa 10 Veranstaltungen im Jahr werden die unterschiedlichsten Facetten des Projektmanagements, sowie relevanter Themen im erweiterten Umfeld beleuchtet. Das Spektrum reicht dabei von Firmenbesuchen über Workshops und Vorträge zu unterschiedlichsten Themen. Im Rahmen dieser Veranstaltungen war das pm-forum-augsburg zu Gast bei namhaften Unternehmen der Region, wie bsp. Fujitsu Siemens, MAN-Roland Druckmaschinen, Weltbild-Verlag, FC Augsburg, Fa. Steiff, KUKA Schweißanlagen GmbH oder EADS Augsburg Auch wurden Vorträge zu unterschiedlichsten Schwerpunkten organisiert, wie beispielsweise die neue DIN-Norm für Projektmanagement, Projektcontrolling-Themen oder Soft Facts, bis hin zum Multiprojektmanagement.

Im Rahmen des pm-forum-ausburg wurden auch mehrere Projektgruppen intiiert, zu denen auch die ITPM-Gruppe gehörte, welche in intensiver Arbeit die Grundlagen für dieses Buch erarbeitete.

Nähere Informationen zum pm-forum-augsburg erhalten Sie unter www.pm-forum-augsburg.de

Schauen Sie doch einfach mal vorbei.

Die Arbeitsgruppe ITPM

Im November 2005 veranstaltete das pm-forum-augsburg Augsburg seine 3. Projektmanagement-Fachtagung.
Hierfür konnte unter anderem Herr Diplommathematiker Christian Tesch als Referent für den Stream „PM in IT-Projekten" mit einem Vortrag zu den Tücken des Projektmanagements in IT-Projekten, speziell in der Softwareentwicklung, gewonnen werden.
Aufgrund der großen Resonanz wurde in gemeinsamer Planung von Herrn Michael Trommer und Herr Christian Tesch die Gründung einer Projektgruppe zum Thema „Projektmanagement in IT-Projekten", kurz ITPM, geplant und initiiert.
Ziel der Projektgruppe war es, die vielfach bekannten Probleme näher zu erläutern, aber insbesondere auch, praxisgerechte Lösungsvorschläge zu erarbeiten und den Erfahrungsaustausch unter den Beteiligten zu intensivieren.

Im Januar 2006 erfolgte die Kick-Off-Veranstaltung der Projektgruppe mit 13 Teilnehmern und über 20 weiteren Interessenten. Nach einer anfänglichen Findungsphase (vgl. Teamführung in IT-Projekten) über die Ziele und auch Rollen der einzelnen Gruppenmitglieder erfolgte die Festlegung einer Vorgehensweise im Sinne eines Wasserfallmodells (vgl. Prozessmodelle in IT-Projekten) sowie eine Planung und Aufgabenverteilung (Planung in IT-Projekten). In 4 bis 8-wöchigen Arbeitsveranstaltungen wurden die erarbeiteten Ergebnisse diskutiert, abgestimmt und weitere Schritte fest gelegt (Controlling in IT-Projekten). Als Dokumentationsmedium wurde ein eigenes Wiki eröffnet, in dem alle Mitglieder sowohl schreiben als auch ergänzen konnten (Dokumentation in IT-Projekten).

Die gesammelten Ergebnisse wurden anhand verschiedener Schritte des Change-Managements in die vorliegende Struktur dieses Buches gegossen und im Rahmen eines Konfigurationsmanagements mehrfach überarbeitet und ergänzt.
Schwerpunkt dieser Arbeiten war es jedoch, stets den praktischen Nutzen der Ausarbeitungen zu gewährleisten und dem Projektleiter oder Projektmanager einen Leitfaden für die tägliche Arbeit an die Hand zu geben.

Das vorliegende Ergebnis ist somit die Sammlung vieler Erfahrungen, zusammengetragen und diskutiert in einer sehr ambitionierten Runde mit sehr heterogenem Wissen aus dem Bereich Projektmanagement und mit viel Engagement abgerundet, perfektioniert und ausgestaltet zu einer kleinen Wissensbibliothek.

Nach Fertigstellung dieses Bandes hat die ITPM-Gruppe Ihre Arbeit erneut aufgenommen, da es noch viele weitere Aspekte in Projektmanagement von IT-Projekten gibt, deren praxisorientierte Ausarbeitung noch aussteht.
Bei Interesse an der Projektgruppe oder deren Arbeitsergebnissen wenden Sie sich bitte an einen der Autoren oder an das pm-forum-augsburg.

Die Autoren

René Fischer

Geburtsjahr:	1968
Ausbildung/Titel:	Dipl. Ing. (FH)
Beruf:	Projektleiter
Arbeitgeber:	PKE Deutschland GmbH
E-Mail:	r.fischer@pke-de.com
Motto zum ITPM:	PM in IT-Projekten schadet nicht.
Werdegang:	Rene Fischer studierte an der FH Ulm Nachrichtentechnik und war von 1999 bis 2008 als Fachgebietsleiter für Sicherheitstechnik am Flughafen Stuttgart auch für die Abwicklung verschiedener Projekte verantwortlich.
	Seit Mai 2008 arbeitet er als Projektleiter bei der PKE Deutschland GmbH.
	Über eine Weiterbildung erfuhr er vom PM-Forum Augsburg und schloss sich der Projektgruppe ITPM an.

Heinz Hütter

Geburtsjahr:	1954
Ausbildung/Titel:	Dipl. Päd.
Beruf:	Trainer & systematischer Coach
Arbeitgeber:	selbständig als NETZplan Heinz Hütter
E-Mail:	heinz.huetter@lernprozesse.de
Motto zum ITPM:	Soft Skills machen gute Projektteams aus!
Werdegang:	Seine erste berufliche Station als Koordinator im Sozialbereich bot Heinz Hütter langfristig zu wenig Herausforderungen. Die zweite, Gründung einer Unternehmensberatungs-Genossenschaft, war durchaus anspruchsvoll, aber nicht von Dauer.
	Erst in der Selbständigkeit als Trainer hat er 1993 sein Aufgabenfeld gefunden. Ergänzt um eine Ausbildung zum systemischen Coach, spezialisierte er sich auf das Dreieck Selbstmanagement, Arbeitsmethodik und Projektmanagement.

Als Workshopleiter und Coach, u. a. für MS Project, hat er Einblick in die unterschiedlichsten Projektkonstruktionen.
Für IT Business Manager unterrichtet er bei der IHK Schwaben Projektmarketing.
Im Bundesvorstand der GfA – Gesellschaft für Arbeitsmethodik – e.V. ist er seit 2007 verantwortlich für „Information und Kommunikation" und damit für Konzeption einer neuen Homepage und für andere öffentlichkeitswirksame Projekte.
Mehrere Fachartikel über Soft-Skill-Themen erschienen von ihm im Handbuch „Innovatives Projektmanagement".

Robert Linsenmeyer

Geburtsjahr:	1968
Ausbildung/Titel:	Mediengestalter, Marketingassistent, Geschäftsführer
Beruf:	Mediengestalter, Webdesigner
Arbeitgeber:	evobit OHG
E-Mail:	robert.linsenmeyer@evovit.de
Motto zum ITPM:	Etwas strikter angewendet, würde oft nicht schaden.
Werdegang:	Robert Linsenmeyer ist Mediengestalter und im den Bereichen Print- und Online-Medien tätig. Ein Marketingstudium vervollständigte sein Wissen in der Werbebranche. Er ist bei der IHK-Schwaben im Prüfungsausschuss für den Medienfachwirt tätig.

2003 gründete er zusammen mit einem Partner die Internetagentur evobit und zeigte sich verantwortlich für viele Internetprojekte. Die Schwerpunkte liegen in kommunalen und öffentlich-rechtlichen Projekten, sowie eines internetbasierten Dokumenten- und Qualitätsmanagementsystems auf OpenSource-Basis.

Seit 2004 ist er im pm-forum augsburg aktiv und lernte dabei Projektmanagement in den verschiedensten Facetten kennen.

Thomas Makkos

Geburtsjahr:	1972
Ausbildung/Titel:	Dipl. Informatiker (FH)
Beruf:	Projektleiter, ERP-Spezialist mit Schwerpunkt Materialwirtschaft, Logistik und Fertigungssteuerung
Arbeitgeber:	Hosokawa Alpine Aktiengesellschaft
E-Mail:	thomas@makkos.de
Motto zum ITPM:	Projektmanagement von maneggiare – an der Hand führen. Für mich die Sammlung von Methoden um Projekte erfolgreich zu meistern und WinWin-Situationen für alle Beteiligten zu erreichen.
Werdegang:	Nach dem Studium der Informatik an der Fachhochschule Augsburg war Thomas Makkos 10 Jahre – auch in leitenden Positionen – in der Entwicklung von ERP-Systemen tätig. In dieser Zeit lernte er viele Aspekte des Projektmanagements kennen. In einer Vielzahl von ERP-Einführungsprojekten sowie der Koordination von SW-Entwicklungen konnte er die Ergebnisse von unterschiedlichen Arten ein Projekt zu managen erleben und erfahren. Seit 2003 ist Thomas Makkos bei der Hosokawa Alpine AG, einem mittelständischen Maschinen und Anlagenbauer beschäftigt. Den Schwerpunkt seiner Tätigkeiten bilden dabei Organisations- und IT-Projekte in den Bereichen Materialwirtschaft, Logistik und Fertigungssteuerung. Seit 2007 ist er Mitglied der GPM und seit 2008 einer der Regionalleiter der Augsburger Gruppe.

Karlheinz Peschke

Geburtsjahr:	1958
Ausbildung/Titel:	Dipl. Inform. (FH)
Beruf:	SW- Entwickler, Projektleiter
Arbeitgeber:	–
E-Mail:	Karlheinz.Peschke@arcor.de
Motto zum ITPM:	Projektmanagement – je früher, desto besser.
Werdegang:	1986 Abschluss der schulischen Ausbildung als Diplom-Informatiker (FH) an der Fachhochschule Augsburg, danach tätig in kleineren und mittelständischen Firmen als Software-Entwickler, Technischer Leiter, Entwicklerteam-Leiter und technischer Projektleiter.
	2003 Weiterbildung zum Projektmanagement-Fachmann (GPM/RKW) [IPMA Level D].
	Seitdem glühender Verfechter des systematischen Projektmanagements unter besonderer Berücksichtigung der Menschen im Projekt.

Alfred Schäferling

Geburtsjahr:	1961
Ausbildung/Titel:	Informationselektroniker, Unix Systemprogrammierer, GPM Zertifikation D
Beruf:	selbständig freiberuflich
E-Mail:	software-schaeferling@t-online.de
Motto zum ITPM:	Projektmanagement ist der Weg zum zufriedenen Kunden.
Werdegang:	Alfred Schäferling ist seit 1982 im IT Sektor tätig. Der Anfang seiner Tätigkeit lag im Hardwarebereich. Seit 1992 wechselte Herr Schäferling als selbständiger Unternehmer zur Softwareentwicklung und ist hier vor allem für den produzierenden bzw. kaufmännischen Bereich aktiv. Hauptsächlich war bzw. ist er seitdem als freier Mitarbeiter u.a. für die Firmen Adtrans, MTU, Hewlet Packard und Agilent tätig. Im Jahr 2001 kam der Bereich Projektmanagement hinzu, inkl. einer Zertifizierung der GPM.

Reiner Schindler

Geburtsjahr:	1965
Ausbildung/Titel:	Projektmanager GPM-Level-C
Beruf:	Senior Consultant
Arbeitgeber:	msg systems ag, Ismaning
E-Mail:	mail@reiner-schindler.de
Motto zum ITPM:	let's do it
Werdegang:	Als gelernter Bankkaufmann studierte Reiner Schindler Bankbetriebswirtschaft.

1999 wechselte er sein Tätigkeitsumfeld und war zunächst als Softwareentwickler tätig.

Seit 2001 ist er als Consultant und Projektleiter in IT-Projekten im Bankenumfeld tätig. Sein Schwerpunkt liegt dabei als „Schnittstelle zw. IT und Fachabteilung" vor allem auf der Beratung bankfachlicher Prozesse und dem Projektmanagement.

Zuletzt war er bei msg systems ag als Berater für das Meldewesen im Basel II-Umfeld maßgeblich für die Umsetzung der Konsolidierung aufsichtrechtlicher Meldungen einer großen Bausparkasse verantwortlich. Sein Einsatzgebiet betraf hierbei in- und ausländische Tochtergesellschaften der Bausparkasse u.a. in Ungarn, Slowakei, Tschechien und Rumänien.

Reiner Schindler ist zertifizierter Projektmanager (GPM/IPMA Level C), Certfied ScrumMaster und Unterzeichner des Agile Manifesto (http://agilemanifesto.org). Auf seiner Homepage stehen Vorlagen für die Projektarbeit als Freeware zur Verfügung (http://www.software-projekt-mangement.de/shop).

Christian Tesch

Geburtsjahr:	1967
Ausbildung/Titel:	Dipl. Math.
Beruf:	Systementwickler, Projektmanager, Geschäftsführer
Arbeitgeber:	SoftSolutions GmbH
E-Mail:	ctesch@softsolutions.de
Motto zum ITPM:	PM in IT-Projekten ein Muss, ein Spaß und eine Herausforderung
Werdegang:	Christian Tesch studierte an der Universität Augsburg Mathematik und war bereits während seines Studiums als Softwareentwickler bei Siemens Nixdorf in Augsburg tätig. Nach seinem Studium wechselte er zur Firma SoftSolutions als Software-Systemarchitekt und Projektleiter in der Entwicklung von CAD-Systemen.

Über die Jahre erweiterte er sein Kompetenzumfeld auf das gesamte Leistungsspektrum von SoftSolutions und leitet heute Projekte aus allen Themenbereichen. Neben seinen Aufgaben im Entwicklungsumfeld ist Herr Tesch für Personal und den Vertrieb verantwortlich.

Seit 2005 ist Christian Tesch Geschäftsführer der Firma SoftSolutions und leitet die Firma mit ihren 30 Mitarbeitern. SoftSolutions erstellt Individualsoftware für namhafte Kunden im Raum Süddeutschland aus den unterschiedlichsten Branchen. Durch seinen Werdegang ist Herr Tesch sehr vertraut mit der Praxis des Projektmanagements, welches er aus den unterschiedlichsten Perspektiven in eigener Erfahrung kennengelernt hat.

Michael Trommer

Geburtsjahr:	1969
Ausbildung/Titel:	Dipl. Wirt. Ing. (FH), zertifizierter Projektmanager (GPM Level C)
Beruf:	Projektmanager, Projektberater, Geschäftsführer
Arbeitgeber:	Proficon Projektberatung GmbH
E-Mail:	trommer@proficon-consult.de
Motto zum ITPM:	Ergebnisse, Termine und Kosten passen grundsätzlich nicht zusammen.
Werdegang:	Michael Trommer kam bereits im Studium des Wirtschaftsingenieurwesens an der Fachhochschule München mit Projektmanagement in Kontakt. Nach erfolgreichem Studienabschluss war er, ab 1994, als freier Projektmanager für verschiedene Beratungsunternehmen tätig. Seit 2002 ist Herr Trommer geschäftsführender Gesellschafter der Proficon Projektberatung GmbH, einer Beratungsgesellschaft mit dem Schwerpunkt der operativen Projektunterstützung. Herr Trommer ist Gründungsmitglied des pm-forum-augsburg (2001) und seit 2003 Leiter der GPM-Region Augsburg. Im Jahre 2007 und 2008 gehörte er dem Programmkomitee des jährlichen internationalen Projektmanagementforums der GPM Deutsche Gesellschaft für Projektmanagement e.V. an. Seit 2007 ist er Rechnungsprüfer der GPM. Herr Trommer ist seit 2004 zertifizierter Projektmanager (Level C) gemäß GPM/IPMA.

PROFI CON
Projektberatung_GmbH

Projektmanagement mit Durchblick!

Alles aus einer Hand....

Projektmanagement
Project-Offices
Projektsupport
Projektcontrolling
Training on the Job
Risikomanagement
Ressourcenmanagement
Multiprojektmanagement
Projektberatung / -einführung

Proficon Projektberatung GmbH
St. Anna Straße 8
86825 Bad Wörishofen
Telefon +49 (0)8247/90179
Telefax +49 (0)8247/90178
E-Mail: info@proficon-consult.de

Zeitgemäßes Projektmanagement für Ihren Erfolg!

Full Service

Consulting

Engineering

Entwicklung

WIR BEWEGEN WELTEN

Als eingeführtes Softwarehaus mit ausgeprägtem technischen Know-How realisiert SoftSolutions anspruchsvolle IT–Projekte mit Leidenschaft und Erfahrung für Unternehmen in Süddeutschland zu festen Preisen und in garantierten Laufzeiten.

SoftSolutions GmbH
Unterkreuthweg 3
86444 Mühlhausen
Tel.: 08207 95992-0
info@softsolutions.de

SoftSolutions